Documento de Trabajo
Serie Política de la Competencia y Regulación
Número 66/ 2025

La evolución de los mercados de electricidad y el papel de los consumidores con un enfoque en la respuesta de la demanda

Yusuf Ercan Özercan

CEU | *Ediciones*

El Real Instituto Universitario de Estudios Europeos de la Universidad CEU San Pablo, Centro Europeo de Excelencia Jean Monnet, es un centro de investigación especializado en la integración europea y otros aspectos de las relaciones internacionales.

Los documentos de trabajo dan a conocer los proyectos de investigación originales realizados por los investigadores asociados del Instituto Universitario en los ámbitos histórico-cultural, jurídico-político y socioeconómico de la Unión Europea.

Las opiniones y juicios de los autores no son necesariamente compartidos por el Real Instituto Universitario de Estudios Europeos.

Los documentos de trabajo están también disponibles en: www.idee.ceu.es

Serie *Política de la Competencia y Regulación* de documentos de trabajo del Real Instituto Universitario

La evolución de los mercados de electricidad y el papel de los consumidores con un enfoque en la respuesta de la demanda

The European Commission's support for the production of this publication does not constitute an endorsement of the contents, which reflect the views only of the authors, and the Commission cannot be held responsible for any use which may be made of the information contained therein.

CEU *Ediciones*
Julián Romea 18, 28003 Madrid
Teléfono: 91 514 05 73
Correo electrónico: ceuediciones@ceu.es
www.ceuediciones.es

Real Instituto Universitario de Estudios Europeos
Avda. del Valle 21, 28003 Madrid
www.idee.ceu.es

ISBN: 978-84-19976-63-5
Depósito legal: M-5402-2025

Maquetación: CEU *Ediciones*

Índice

Introducción

La electricidad tiene un papel critico en una sociedad civilizada. En el siglo XXI toda la economía y la vida cotidiana es dependiente de la electricidad. En los tiempos de paz la electricidad es un elemento importante para el desarrollo de la sociedad[1] y en los tiempos de guerra es importante para la supervivencia de la gente.[2] Así que los países que quieren jugar un importante papel a nivel mundial deben asegurarse de tener un sistema de electricidad que funcione sin problemas.

La Unión Europea (UE) empezó a regular la electricidad desde los años 90.[3] Desde entonces el sector y el mercado de la electricidad han evolucionado significativamente. Han impactado varias cosas en esa evolución. En la última fase de esa evolución la UE ha decidido eliminar gradualmente los combustibles fósiles para ser más independiente en energía. Para conseguir ese objetivo los Estados miembros tienen que aumentar la generación de energía renovable, eficiencia de energía y electrificación. Ese proceso no solo necesita un gran trabajo sino también un cambio de la mentalidad en el mercado eléctrico europeo. Por eso la Comisión en 2015 creó una Unión de la Energía y puso a los consumidores en el centro del mercado de la electricidad y les ha dado algunas herramientas para que participen en todos los mercados de la electricidad.[4] Una de estas herramientas es la respuesta de la demanda.

El objetivo de este trabajo es explicar la evolución del mercado de la electricidad en la UE y el papel de los consumidores, que se han situado en el centro del mercado con la adopción de la Unión de la Energía, y las herramientas de que disponen para desempeñar este papel, centrándose en la respuesta de la demanda. La principal pregunta del trabajo es:

¿Cómo ha evolucionado el mercado de la electricidad en la UE y cuál es el papel de los consumidores en el mercado?

Las sub-cuestiones del trabajo son:

1. El proceso de la apertura de los mercados o el proceso de la liberalización,

2. La creación de la Unión de la Energía y el papel de los consumidores en el marco del paquete Energía limpia para todos los europeos,

3. La respuesta de la demanda como una herramienta para mitigar los nuevos problemas del mercado.

Este trabajo está dividido en tres capítulos. Cada capítulo está directamente relacionado con los otros dos capítulos. Para analizar bien y entender la lógica de las políticas de la Comisión en energía hay que saber bien la evolución de los mercados de la electricidad. Porque los mercados eléctricos ahora están en un proceso de transición. Hay dos transiciones que interesan a este trabajo. Primero hay una transición energética desde un escenario en el que la mayoría de la electricidad se genera de combustibles fósiles a otro donde la mayoría de electricidad se genera de las energías renovables. Segundo hay una transición de los mercados de electricidad desde un mercado centralizado en que el Estado planea todo[5], la generación de la electricidad es flexible pero la demanda es inflexible, a un sistema descentralizado donde el mercado va a decidir todo, la generación de electricidad es inflexible y la demanda es flexible. Las dos transiciones están estrictamente relacionadas y en este proceso de transición los mercados muestran características mezcladas del sistema tradicional y nuevo. Por eso en el primer capítulo se abordará la evolución de los mercados de la electricidad en UE.

---

1   Garrick B. Pursley y Hannah J. Wiseman, «Local energy», *Emory LJ* 60 (2010): 9.

2   «What Is the War in Ukraine Teaching Us About Our Reliance on Power Grids? », *21st Century Tech Blog* (blog), 2 de enero de 2023, https://www.21stcentech.com/war-ukraine-teaching-reliance-power-grids/

3   Martha Roggenkamp and Matthijs van Leeuwen, 'Regulating Electricity Storage in the European Union: How to Balance Technical and Legal Innovation', *Innovation in Energy Law and Technology: Dynamic Solutions for Energy Transitions* (Oxford University Press 2018) 161, 162.

4   Jorge Galán Sosa, *La regulación del autoconsumo de energía eléctrica [Kindle Version]*, 1st edition (Atelier Libros S.A., 2023), 103, 104.

5   Sirja-Leena Penttinen and Leonie Reins, 'The Integration of Renewable Energy Sources in the EU Electricity Grid: Adapting Current Market Rules to'new Market Realities', *Decarbonisation and the energy industry: Law, policy and regulation in low-carbon energy markets* (Hart Publishing 2020) 270, 271.; Galán Sosa, *La regulación del autoconsumo de energía eléctrica [Kindle Version]*, 30.

Como se ha mencionado arriba la Comisión dentro del marco de la Unión de la Energía ha puesto a los consumidores en el centro del mercado de la electricidad.[6] Para empoderar a los consumidores con el paquete Energía limpia para todos los europeos se incluyó el término "cliente activo" al marco jurídico de los mercados de la electricidad.[7] Ahora los clientes activos pueden aportar al objetivo de la independencia en energía generando electricidad o manejando su consumo. Por eso en el segundo capítulo se abordará el nuevo papel de los clientes activos en el mercado de la electricidad y los instrumentos de la participación de ellos en el mercado de la electricidad.

En el futuro próximo, por la electrificación, el consumo de electricidad va a subir de manera significativa. Pero por la característica intermitente de la energía renovable la flexibilidad de la generación de electricidad es cada vez menor. Para compensar ese problema la Comisión quiere aumentar la flexibilidad de la demanda. La respuesta de la demanda es un importante instrumento para aumentarla. Por eso en el último capítulo se abordará una de las herramientas de los clientes activos: la respuesta de la demanda.

---

6   Galán Sosa, *La regulación del autoconsumo de energía eléctrica [Kindle Version]*, 129.

7   Galán Sosa, 148.

1. La evolución del mercado eléctrico en la Unión Europea

Los mercados de la electricidad cada vez son más liberales y cada vez son más descentralizados. Pero no ha sido siempre así.[8] Hasta los años 90 la idea de un mercado liberal era muy extraño para el sector eléctrico. Desde entonces la Unión empezó a los trabajos de la liberalización de los mercados. En esta parte, se analizará la evolución histórica del mercado de la electricidad en la UE. Este capítulo comenzará analizando la evolución hasta la primera directiva del mercado de la electricidad, que es un paso importante para la formación del mercado libre. Después en los otros tres partes de este capítulo se analizarán los primeros tres paquetes de energía que incluyeron importantes regulaciones de la liberalización de los mercados. También la última parte de este capítulo se abordará el primer paso hacia a una política común y a la independencia en energía.

1.1. La situación hasta el primer paquete energético

En esta parte primera se va a explicar la situación del mercado de la electricidad en los años ochenta. Segundo se va a abordar como ha afectado la preparación y la aprobación del Acta Única Europea a la liberalización del mercado de la electricidad. Tercero se va a analizar la primera directiva sobre el acceso de la red eléctrica en 1990. Cuarto se va a analizar la primera propuesta (rechazada) de la directiva del mercado de la electricidad en 1992.

1.1.1. La situación del mercado de la electricidad en los años ochenta.

En la UE Hasta los años ochenta ni siquiera había un mercado eléctrico a nivel nacional.[9] En los países europeos el modelo dominante en el sector de la electricidad era monopolio estatal. Así que las empresas eran públicas y estaban integradas verticalmente. Con 'integradas verticalmente' se refiere a que estas empresas públicas estaban encargadas en tres áreas importantes de la electricidad: producción, transmisión y distribución. Por eso los Estados controlaban los procesos de la producción, la transmisión y la distribución de la electricidad.[10] Aquí el problema es que estas empresas públicas no dejaban entrar a los proveedores de electricidad de otros Estados miembros o incluso a proveedores de su mismo estado a la red eléctrica.[11] En esta época técnicamente hablando había una interconexión de la red eléctrica entre los Estados miembros pero el sistema de la transmisión se diseñó en un contexto nacional.[12] Entre los Estados miembros había una transacción de electricidad por razones técnicas (para equilibrar el sistema). Los Estados miembros no estaban dispuestos a abrir su mercado y depender de otros Estados miembros en la electricidad. Mientras en otros ámbitos de la vida los Estados eran interdependientes con otros Estados miembros, en la electricidad todavía no confiaban en los otros Estados miembros.[13]

Esta época en la UE es la época de terminar la integración del mercado eliminando todas las barreras entre los Estados en 1992.[14] Incluso el Consejo, después de la firma de la Acta Única Europea, en los objetivos de la energía en 1995 hacia una referencia a *"una integración más adecuada del mercado interior de la energía liberado de todo obstáculo, con el fin de aumentar la seguridad del abastecimiento, disminuir los costes y fortalecer la competitividad*

---

8   Galán Sosa, 31, 32.

9   Leonardo Meeus and Valerie Reif, 'Why Did We Start with Electricity Markets in Europe?', *The Evolution of Electricity Markets in Europe* (Edward Elgar Publishing 2020) 2.; Samuli Honkapuro, Jasmin Jaanto, y Salla Annala, «A Systematic Review of European Electricity Market Design Options», *Energies* 16, n.º 9 (2023): 1.

10   Petersen, M. (2009). Restructuring the Electricity Sector in the EU and in Russia. *European Energy and Environmental Law Review, 18*(3). página: 171.

11   Commission, 'The Application of the Community's Energy Pricing Principles In Member States' (Communication) COM (84) 490 final, página 17, párrafo 87.

12   Commission, 'New Community Energy Objectives' (Communication) COM (85) 245 final, página 16, párrafo 32.

13   Ibid, página 16, párrafo 33.

14   Commission, 'Completing the Internal Market' (Communication) COM (85) 310 final, página 4.

económica".[15] La Comisión llamó la atención sobre esa situación y dijo que a lo mejor la red (red de transmisión o distribución) por su naturaleza es una monopolio pero eso no significa que la venta de electricidad tenga que ser una monopolio ya que se puede separar la venta y la transmisión de electricidad. La Comisión propuso la idea de una 'common carrier' en la distribución o transmisión de electricidad para que actúe como transportistas comunes de otros proveedores.[16] Según la Comisión la interconexión de las redes y el libre comercio de la electricidad entre los Estados tenía muchas ventajas. Un sistema de electricidad a nivel de la Unión iba a proporcionar una mejor competencia, eficiencia, seguridad de red eléctrica e iba a reducir los precios.[17]

Para la creación de un mercado libre en energía según la Comisión se necesitaba la apertura de los mercados dejando la utilización del sistema de la transmisión de la electricidad a los terceros. De hecho, eso no era suficiente porque las empresas que controlaban el sistema de la transmisión eran empresas públicas verticalmente integradas. Así que la apertura de los mercados sin la separación (unbundling) no iba a liberalizar los mercados. Pero la Comisión estaba consciente de la dificultad de eliminar los monopolios en los Estados miembros y al inicio solo quería abrir los mercados a los terceros y una separación solo en operativos de los órganos de generación, transmisión y distribución de las empresas monopolios.

La Comisión quería aprovechar el momento de los Estados miembros en la creación del mercado interior[18] por eso después de la entrada en vigor del Acta Única Europea publicó la comunicación 'Mercado Interior de la Energía'.[19] En esta comunicación la Comisión llamó la atención a dos temas importantes para la electricidad: 'compartimentación del sistema' y la 'common carrier'. En el título 'compartimentación del sistema' según la Comisión no existía ninguna obligación de utilizar interconexiones internacionales. Esas interconexiones se utilizan por varias razones. Una de ellas es para mantener los niveles de máximo y reserva de las capacidades de producción. Comisión sugirió la idea de hacer un cambio en el sistema operativo y se preguntó si ese cambio provocaría un cambio mayor de apertura del mercado interior. Esto se realizaría por una separación entre órganos operativos de la producción.[20] En el título 'common carrier' básicamente se propuso la utilización de todos los sistemas de interconexión sobre una base de "common carrier". Una ventaja de tener common carrier es la posibilidad de que los consumidores (o las empresas de distribución) se abastezcan de cualquier fuente de producción con un precio bajo. Eso no era sencillo por los problemas técnicos de gestión y seguridad del suministro. Pero según la Comisión hay que estudiar y analizar esa oportunidad.[21] Esas recomendaciones eran importantes porque veremos que los primeros pasos a la liberalización del mercado eléctrico fueron el intento de apertura a la red eléctrica con la directiva relativa al 'tránsito de electricidad por las grandes redes'.[22]

1.1.2. La primera directiva sobre el acceso de la red eléctrica

El comercio transfronterizo de electricidad dentro de la Comunidades Europeas era posible. Sin embargo, a la Comisión le incomodaba que la transmisión de electricidad se realizara a través de monopolios protegidos por el Estado, lo cual era una costumbre habitual en los Estados miembros.[23] Estos monopolios utilizaban su monopolio de transmisión para impedir que sus competidores o competidores potenciales entraran en el mercado en el

---

15 Council Resolution (ECC) 25 August 1986 concerning new Community energy policy objectives for 1995 and convergence of the policies of the Member States [1986] OJ C, C/241, párrafo 5(d).

16 Commission, 'The Application of the Community's Energy Pricing Principles In Member States' (Communication) COM (84) 490 final, Página 17, párrafo 87.

17 Commission, 'New Community Energy Objectives' (Communication) COM (85) 245 final, página 16, párrafo 35.

18 Angus Johnston and Guy Block, 'EU Energy Law' [2012] Oxford University Press, página 13, párrafo 2.10.

19 Commission, 'Working Document on the Internal Energy Market' (Communication) COM (88) 238 final.

20 Ibid, Página 72, párrafo 12.

21 Ibid, Página 72, párrafo 13.

22 Council Directive 90/547/EEC of 29 October 1990 on the transit of electricity through transmission grids [1990] OJ L 313.

23 Kim Talus, *EU energy law and policy: a critical account* (OUP Oxford, 2013), 136.

que querían entrar como proveedores.[24] Como solución más eficaz, la Comisión con su propuesta quería hacer obligatorio el acceso de terceros a las redes (ATR) de transporte de electricidad[25] y crear una agencia reguladora a escala de la Unión que agrupara a los gestores de red de transporte (GRT) de los Estados miembros de la Unión. Esta agencia reguladora actuaría como regulador del acceso, los precios y la utilización.[26] Sin embargo, a estas propuestas se opusieron las organizaciones y gobiernos monopolistas nacionales de los Estados miembros, que ya se habían reunido independientemente, y tales medidas no pudieron realizarse durante este periodo. En consecuencia, lo que se trató en la directiva no fue esencialmente más que la regulación de lo que ya existía en la práctica.[27]

Aunque la directiva relativa al Tránsito de Electricidad por las Grandes Redes (90/547/CEE) no fue tan eficaz como se esperaba, fue importante como primer paso hacia la participación de terceros.[28] Además, con la referencia a las normas del Derecho comunitario en la Directiva,[29] los monopolios han empezado a confiar menos en su poder monopolístico.[30] Sin embargo, en lugar de hacer obligatorio el ATR, se exige a los GRT nacionales que negocien acuerdos equitativos de acceso y utilización de la red, evitando condiciones injustas, indebidamente restringidas y discriminatorias, y que se sometan a un proceso de mediación que no es jurídicamente vinculante pero en el que participa la Comisión.[31] En lugar de una agencia que actúe como regulador del acceso, el precio y el uso de la red, se notificarán a la Comisión las solicitudes de acceso a la red, los contratos de acceso a la red y las solicitudes de acceso infructuosas, y la Comisión presidirá el órgano de conciliación como mediador en los casos en que fracasen las negociaciones.[32] El ámbito de aplicación de la Directiva era reducido. La Directiva sólo abarcaba los contratos a largo plazo[33] para el tránsito de electricidad de alta tensión.[34]

En conclusión el proceso largo de la liberalización empezó en los 90[35] con una directiva que en práctica no hizo ningún impacto a los mercados de la electricidad pero esa directiva fue una pionera del proceso de la liberalización. Después veremos que en cada directiva o reglamento los mercados serían más liberales.

1.1.3. La primera propuesta (rechazada) de la directiva del mercado eléctrico en 1992

El 24 de febrero de 1992, la Comisión presentó un proyecto mucho más completo y controvertido que la directiva de tránsito que regula el acceso a los mercados de la electricidad que se ha analizado.[36] Con esta propuesta la Comisión quería una separación de propiedad completa. Según la propuesta los Estados miembros disociarían las actividades de generación, transmisión y distribución de electricidad de las empresas eléctricas integradas verticalmente[37] y en cuanto a la participación en el mercado, la Comisión quería una participación de terceros a una parte significativa de la capacidad de las líneas de transporte y distribución de electricidad con una tarifa

---

24 Talus, 136.

25 Commission, 'Proposal for a Council Directive on the transit of electricity through transmission grids' COM (89) 336 final, artículo 1.

26 Talus, *EU energy law and policy*, 136, 137.

27 Talus, 139.; L. Hancher y P. J. Slot, «EC Energy Law», en *Energy Law in Europe* (Oxford University Press, 2001), párr. 5.189, https://research.tilburguniversity.edu/en/publications/ec-energy-law.

28 Council Directive 90/547/EEC of 29 October 1990 on the transit of electricity through transmission grids [1990] OJ L 313, Considerando 7.; Talus, *EU energy law and policy*, 139.

29 Council Directive 90/547/EEC of 29 October 1990 on the transit of electricity through transmission grids [1990] OJ L 313, artículo 4.

30 Talus, *EU energy law and policy*, 140.

31 Council Directive 90/547/EEC of 29 October 1990 on the transit of electricity through transmission grids [1990] OJ L 313, artículo 3(2).

32 Council Directive 90/547/EEC of 29 October 1990 on the transit of electricity through transmission grids [1990] OJ L 313, artículo 3(3), 3(4).

33 Council Directive 90/547/EEC of 29 October 1990 on the transit of electricity through transmission grids [1990] OJ L 313, artículo 3(3).

34 Council Directive 90/547/EEC of 29 October 1990 on the transit of electricity through transmission grids [1990] OJ L 313, artículo 2(1)(a).

35 Roggenkamp y van Leeuwen, «Regulating Electricity Storage in the European Union», 161, 162.

36 Commission, 'Proposal concerning common rules for the internal market in electricity' COM (91) 548 final.

37 Commission, 'Proposal concerning common rules for the internal market in electricity' COM (91) 548 final, artículo 23.

pública con unos precios razonables y equitativos.[38] Sin embargo, esta propuesta de liberalización global no fue aceptada por los Estados miembros y la Comisión volvió con una propuesta suavizada (watered-down)[39] a finales de 1993.[40] Aunque la Primera Directiva del Mercado de la Electricidad fue propuesta formalmente por la Comisión el 24 de febrero de 1992,[41] tardó casi cinco años en convertirse en legislación.[42] La Comisión tenía objetivos bastante ambiciosos. Se pretendía alcanzar con la Directiva crear un verdadero mercado único de la electricidad eliminando las barreras impuestas por los Estados miembros con reflejos proteccionistas. Pero fue bastante difícil convencer a los Estados que cedieran el control del sector eléctrico.[43] En el titulo siguiente se abordará la nueva propuesta de la Comisión.

1.2. Primer paquete energético

En esta sección se va a abordar la primera directiva del mercado eléctrico dentro del marco del primer paquete de energía. Primero se va a abordar el proceso de la aprobación de la directiva, segundo los artículos de la primera directiva del mercado de la electricidad comparando con la primera propuesta de la directiva que se ha abordado en el párrafo arriba.[44]

Después de que esta propuesta de liberalización completa no fuera aceptada por los Estados miembros, la Comisión presentó a finales de 1993[45] una propuesta suavizada.[46] Los cambios introducidos en el texto eran bastante humildes. En cuanto a la separación, se ha abandonado la propuesta radical del primer proyecto y se ha propuesto una separación mucho más suave. Según el nuevo texto, se ha abandonado la separación a nivel de gestión y se ha preferido la separación únicamente a nivel contable. Las empresas integradas verticalmente mantendrán una contabilidad separada para las actividades de generación, transmisión y distribución de electricidad, como ocurriría si estas actividades las realizaran empresas distintas.[47] En cuanto a ATR con la nueva propuesta, contrariamente a la inicial, se ha suprimido el requisito de que las redes eléctricas de los Estados miembros estén abiertas a la participación de terceros y, en su lugar, el acceso a la red debería realizarse sobre la base de un acuerdo comercial voluntario.[48]

En conclusión, la directiva se adoptó sin una verdadera participación de terceros y sin separación.[49] En contra de lo esperado, la Directiva preveía una apertura del mercado muy débil. La Directiva expresaba los objetivos de apertura

---

38 Commission, 'Proposal concerning common rules for the internal market in electricity' COM (91) 548 final, artículo 5(6)(2)(ii).

39 Piet Jan Slot, 'Cases C-157/94, Commission v. Netherlands; C-158/94, Commission v. Italy; C-159/94, Commission v. France; C-160/94, Commission v. Spain; C-189/95, Harry Franzén; Judgments of 23 October 1997, Ful' (1998) 35 Common Market Law Review 1185.; Per Ove Eikeland, «EU Internal Energy Market Policy: Achievements and Hurdles», en *Toward a Common European Union Energy Policy*, ed. Vicki L. Birchfield y John S. Duffield (New York: Palgrave Macmillan US, 2011), 19.

40 Commission, 'Amended proposal for a Council Directive concerning common rules for the internal market in electricity. Amended proposal for a Council Directive concerning common rules for the internal market in natural gas' COM (93) 643 final.

41 Commission, 'Proposal concerning common rules for the internal market in electricity' COM (91) 548 final.

42 Council Directive 96/92/EC of 19 December 1996 concerning common rules for the internal market in electricity [1996] OJ L 27.

43 Case C-157/94 *Commission v Netherlands* [1996] ECR I-5701, Opinion of AG Cosmas, párrafo 4.

44 Commission, 'Proposal concerning common rules for the internal market in electricity' COM (91) 548 final.

45 Commission, 'Amended proposal for a Council Directive concerning common rules for the internal market in electricity. Amended proposal for a Council Directive concerning common rules for the internal market in natural gas' COM (93) 643 final.

46 Slot, «Cases C-157/94, Commission v. Netherlands; C-158/94, Commission v. Italy; C-159/94, Commission v. France; C-160/94, Commission v. Spain; C-189/95, Harry Franzén; judgments of 23 October 1997, Ful», 1185.; Eikeland, «EU Internal Energy Market Policy», 19.

47 Commission, 'Amended proposal for a Council Directive concerning common rules for the internal market in electricity. Amended proposal for a Council Directive concerning common rules for the internal market in natural gas' COM (93) 643 final, artículo 20(2).

48 Commission, 'Amended proposal for a Council Directive concerning common rules for the internal market in electricity. Amended proposal for a Council Directive concerning common rules for the internal market in natural gas' COM (93) 643 final, artículo 21(1)(i).

49 Council Directive 96/92/EC of 19 December 1996 concerning common rules for the internal market in electricity [1996] OJ L 27.

del mercado en términos muy generales y concedía demasiada discrecionalidad a los Estados miembros sobre cómo aumentar la competencia en el mercado de la electricidad.[50]

El mayor apoyo a la Comisión en esta propuesta para eliminar la resistencia de los Estados miembros en la liberalización de los mercados lo proporcionaron[51] los procesos de liberalización en los Estados del norte de Europa, Nueva Zelanda, Australia, EE.UU.[52] y especialmente en el Reino Unido, donde la liberalización en el continente europeo tuvo lugar por primera vez y fue un éxito.[53] Teniendo en cuenta la bajada de los precios de la energía como resultado de los beneficios de la liberalización del sector energético en estos Estados y la posibilidad de que las empresas opten por trasladar la producción a otros lugares, los Estados miembros tuvieron que adoptar una actitud más positiva ante la liberalización.[54]

En la siguiente sección se abordará la siguiente directiva de los mercados de la electricidad.

1.3. Segundo paquete energético

En esta sección primero se abordará que pasó después de la adopción de la primera directiva del mercado eléctrico, segundo las razones para la adopción del segunda directiva y tercero las disposiciones de la segunda directiva y primer reglamento del mercado de la electricidad.

1.3.1. La transición al segundo paquete energético

Según la Comisión a pesar de la primera Directiva del mercado de la electricidad, aún no se había logrado la completa integración del mercado y que, para ello, debían reconsiderarse dos cuestiones: la separación y la participación regulada de terceros. En cuanto a la separación, la Comisión afirmó que los Estados miembros deben garantizar que las empresas que regulan el sistema de transporte de electricidad estén completamente separadas desde el punto de vista financiero de generación y distribución, y que el método ideal para la participación de terceros es la participación regulada de terceros basada en precios preestablecidos. En conclusión, se hacía hincapié en que el principal objetivo era crear un mercado interior único, transparente y no discriminatorio, en lugar de 15 mercados energéticos liberalizados pero fragmentados (el número de Estados miembros era de 15 en aquel momento).[55]

Durante el proceso legislativo del segundo paquete energético, la Comisión aprendió de los errores del proceso legislativo del primer paquete energético y se propuso armonizar y acordar las normas y los detalles técnicos del sistema de transmisión transfronteriza implicando en el proceso a un amplio abanico de grupos de interés.[56] En otras palabras, durante este periodo se adoptó un método basado en el consenso para la regulación del sector energético.[57] A este respecto también destaca el foro de Florencia, que contó con una amplia participación. Este foro se creó poco después de la adopción de la primera directiva sobre electricidad en 1996 con el fin de proporcionar un marco neutral e informal a escala de la UE para debatir cuestiones e intercambiar experiencias

50   Leigh Hancher, «Delimitation of Energy Law Jurisdiction: The EU and Its Member States: From Organisational to Regulatory Conflicts», *Journal of Energy & Natural Resources Law* 16, n.º 1 (febrero de 1998): 51.

51   Susanne K. Schmidt, *Liberalisierung in Europa: Die Rolle der Europäischen Kommission* (Frankfurt a. M.: Campus Verlag, 1998), 251, 252.

52   «Lessons from Liberalised Electricity Markets - Analysis - IEA», 28, 29, accedido 29 de junio de 2024, https://www.iea.org/reports/lessons-from-liberalised-electricity-markets.

53   Paul L. Joskow, «Lessons Learned From Electricity Market Liberalization», *The Energy Journal* 29, n.º 2_suppl (diciembre de 2008): 9, 10.

54   Matthias Heddenhausen, «Privatisations in Europe's liberalised electricity markets–the cases of the United Kingdom, Sweden, Germany, and France», *Stiftung Wissenschaft und Politik, Research Unit EU Integration*, 2007, 5.

55   Commission, 'Recent progress with building the internal electricity market)' COM (2000) 297 final, página 4.

56   Eikeland, «EU Internal Energy Market Policy», 20.

57   Talus, *EU energy law and policy*, 117.

sobre el establecimiento de mercados interiores competitivos de la electricidad.[58] Las directivas del primer paquete energético establecían el marco y los principios generales, pero dejaban los detalles técnicos y prácticos a la interpretación de los Estados miembros.[59] El foro de Florencia, que dio impulso a la propuesta de la Comisión de un Segundo Paquete Energético,[60] atrajo a un amplio abanico de participantes. Entre estos agentes figuran los gobiernos, la Comisión Europea, los reguladores nacionales, los GRT, los comerciantes de electricidad, la industria, los consumidores, los usuarios de la red y las bolsas de electricidad.[61]

1.3.2. El proceso de la aprobación del segundo paquete de energía

Mientras se desarrollaba esta labor de la Comisión en el sector de la energía, el Consejo Europeo dio instrucciones a la Comisión para que avanzara en el proceso de liberalización con sus decisiones. En primer lugar, el Consejo Europeo de Lisboa de los días 23 y 24 de marzo de 2000 encargó a la Comisión que presentara lo antes posible un informe y una propuesta para crear un mercado interior plenamente operativo en el sector de la electricidad y acelerar el proceso de liberalización en este ámbito.[62] En este punto han cobrado importancia los resultados del foro de Florencia, uno de los encuentros informales organizados por la Comisión. La Comisión declaró que preparara su propuesta sobre el mercado de la electricidad basándose en los resultados del proceso de Florencia.[63]

En su documento, la Comisión analiza la situación actual basándose en los resultados del proceso de Florencia y examina las medidas que deben adoptarse[64] y presentó una propuesta de directiva que se modifica la primera directiva del mercado de la electricidad y también una propuesta de reglamento de las condiciones de acceso a la red para el intercambio transfronterizo de electricidad.[65] A continuación, la Comisión elaboró un informe de evaluación comparativa (benchmarking report).[66] Según el informe, las diferencias en el nivel de aplicación de las Directivas entre los Estados miembros han afectado a las preferencias de los consumidores y, en consecuencia, se han observado distintos niveles de cambio de suministrador. En los Estados con plena separación de la propiedad o procedimientos reguladores eficaces, el cambio de suministrador es más frecuente como consecuencia del aumento de la competencia, mientras que en los Estados con integración vertical y sin procedimientos reguladores eficaces no ha surgido un mercado competitivo.[67]

58   Johnston y Block, «EU energy law», página 143, párrafo 5.50.

59   The European Electricity Regulation Forum, Florence, 5-6 February 1998, página 1, https://circabc.europa.eu/ui/group/7e2c11cf-7e6f-45db-94ee-ad64e9cff29e/library/ed4cb11c-cce3-4d4c-bdc6- 21acb44fa503?p=1&n=10&sort=modified_DESC

60   Talus, *EU energy law and policy*, 165.

61   «39th European Electricity Regulatory Forum», accedido 29 de junio de 2024, https://energy.ec.europa.eu/events/39th-european-electricity-regulatory-forum-2024-05-27_en.

62   «Lisbon European Council 23-24.03.2000: Conclusions of the Presidency», página 17, párrafo 17, accedido 29 de junio de 2024, https://www.europarl.europa.eu/summits/lis1_en.htm.

63   Commission, 'Recent progress with building the internal electricity market)' COM (2000) 297 final, página 2.

64   Commission, 'Recent progress with building the internal electricity market)' COM (2000) 297 final, página 2.

65   Commission, 'Proposal for a Regulation on conditions for access to the network for cross-border exchanges in electricity ' COM (2001) 125 final.

66   «First Benchmarking Report on the Implementation of the Internal Electricity and Gas Market - European Commission», accedido 29 de junio de 2024, https://energy.ec.europa.eu/publications/first-benchmarking-report- implementation-internal-electricity-and-gas-market_en.

67   «First Benchmarking Report on the Implementation of the Internal Electricity and Gas Market - European Commission», accedido 29 de junio de 2024, https://energy.ec.europa.eu/publications/first-benchmarking-report-implementation-internal-electricity-and-gas-market_en, página 36.

1.3.3. La adopción de la segunda directiva sobre el mercado de la electricidad y del primer reglamento sobre el mercado de la electricidad

Primero la directiva regula a la organización del acceso al sistema. La directiva obliga la apertura de los mercados para los consumidores no residenciales el 1 de julio de 2004 y para todos los consumidores el 1 de julio de 2007, otorgándoles el derecho a elegir a sus suministradores.[68] Según esto, a partir del 1 de julio de 2007, se garantizará la libertad de elegir suministrador para todos los clientes dentro de la Unión.

La directiva también regula el ATR. Según la directiva:

> Los Estados miembros garantizarán la aplicación de un sistema de acceso de terceros a las redes de transporte y distribución basado en tarifas publicadas, aplicables a todos los clientes cualificados de forma objetiva y sin discriminación entre usuarios de la red.[69]

En consecuencia, la Directiva suprimió el modelo de acceso negociado[70] y comprador único[71] adoptado en la Directiva sobre el mercado de la electricidad de 1996. Comparado con ellos ese sistema es menos discriminatoria.

Segundo, la directiva aborda la cuestión de la separación. La separación completa de la propiedad, que era deseada por la Comisión, fue retirada de la mesa debido a las objeciones de los Estados miembros.[72] No obstante, la nueva directiva sí incrementaba la obligación de separación en relación al régimen anterior. La directiva antigua sólo preveía la separación contable, pero la nueva directiva preveía una separación jurídica y funcional. Según la directiva *"Si el gestor de red de transporte (distribución) forma parte de una empresa integrada verticalmente, deberá ser independiente de las demás actividades no relacionadas con el transporte, al menos en lo que se refiere a la personalidad jurídica, la organización y la toma de decisiones."* Pero a pesar de una separación jurídica y funcional *"Estas normas no darán lugar a ninguna obligación de separar la propiedad de los activos del sistema de transporte de la empresa integrada verticalmente."*[73]

Esta directiva se completó con el Reglamento sobre normas comunes para el mercado interior de la electricidad.[74] Antes de la adopción del segundo paquete energético, el comercio transfronterizo en la UE de electricidad iba en aumento y representaba el 8% del consumo total de electricidad. Sin embargo, en comparación con otros sectores, esta tasa era bastante baja. A pesar de la transposición de la directiva sobre el mercado de la electricidad por los Estados miembros y de la disponibilidad de capacidad, resultaba difícil desde el punto de vista organizativo y económico elegir un suministrador en otro Estado miembro.[75] La Comisión ha propuesto un Reglamento sobre el comercio transfronterizo de electricidad.[76]

El Reglamento introdujo importantes reglas técnicas en el mercado. El Reglamento estableció varios principios que deben seguirse en la distribución de la capacidad[77] y la gestión de la congestión en la red interconectada e incluye

---

68 Directiva 2003/54/CE del Parlamento Europeo y del Consejo, de 26 de junio de 2003, sobre normas comunes para el mercado interior de la electricidad y por la que se deroga la Directiva 96/92/CE [2003] DO L 176, artículos 21(1)(b), 21(1)(c)

69 Directiva 2003/54/CE del Parlamento Europeo y del Consejo, de 26 de junio de 2003, sobre normas comunes para el mercado interior de la electricidad y por la que se deroga la Directiva 96/92/CE [2003] DO L 176, artículos 20(1).

70 Directiva 96/92/CE del Parlamento Europeo y del Consejo de 19 de diciembre de 1996 sobre normas comunes para el mercado interior de la electricidad *DO L 027, artículo 17(1).*

71 Directiva 96/92/CE del Parlamento Europeo y del Consejo de 19 de diciembre de 1996 sobre normas comunes para el mercado interior de la electricidad *DO L 027, artículo 18.*

72 Eikeland, «EU Internal Energy Market Policy», 21.

73 Directiva 2003/54/CE del Parlamento Europeo y del Consejo, de 26 de junio de 2003, sobre normas comunes para el mercado interior de la electricidad y por la que se deroga la Directiva 96/92/CE [2003] DO L 176, artículos 10(1), 15(1).

74 Reglamento (CE) No 1228/2003 del Parlamento Europeo y del Consejo, de 26 de junio de 2003, relativo a las condiciones de acceso a la red para el comercio transfronterizo de electricidad [2003] DO L 176/1.; Hans Vedder et al., «EU energy law», en *Energy law in Europe* (Oxford University Press, 2016), página 257, párrafo 4.200.

75 Commission, 'Completing the internal energy market' COM (2001) 125 final, página 66.

76 Commission, 'Completing the internal energy market' COM (2001) 125 final, página 67.

77 Reglamento (CE) No 1228/2003 del Parlamento Europeo y del Consejo, de 26 de junio de 2003, relativo a las condiciones de acceso a la red para el comercio transfronterizo de electricidad [2003] DO L 176/1, artículos 5, 6; Commission, 'Completing the internal energy market' COM (2001) 125 final, página 68.

también normas técnicas detalladas en el anexo del Reglamento.[78] El Reglamento también autorizó a la Comisión a establecer una reglamentación técnica más detallada mediante directrices sobre tarifas y gestión de la congestión. Esta autorización permite a la Comisión responder a la evolución de la situación sin modificar la normativa en vigor.[79]

Con la aprobación de la directiva y del reglamento se introdujeron algunos cambios hacia un mercado más liberalizado. La apertura del mercado y el nivel de la separación han aumentado. Pero como se verá en la siguiente sección estas medidas no eran suficientes para que tengamos un mercado verdaderamente liberalizado.

1.4. Tercer paquete energético

En este parte se abordará primero los eventos que llevaron a la UE a hacer una actualización en el mercado eléctrico. Se responderá la pregunta por qué la Unión necesitó un gran cambio en el mercado. Segundo se analizarán los cambios en el mercado eléctrico relevantes a ese trabajo fin de máster.

1.4.1. Transición del Segundo Paquete Energético al Tercer Paquete Energético

A pesar de la adopción del Segundo Paquete Energético, los consumidores de energía siguieron quejándose del comportamiento discriminatorio de las empresas energéticas integradas verticalmente en el acceso a la red y del aumento de las tarifas en comparación con el pasado.[80] Por eso se necesitaba una reforma en el mercado eléctrico. Mientras surgió una crisis de gas entre Ucrania y Rusia que era un confiable suministrador de gas para Europa desde 1970 hasta entonces. Esa crisis mostró el lado negativo de la dependencia en la energía y de ahí nació la idea o la necesidad de la transición energética.

1.4.1.1. La crisis del gas entre Rusia y Ucrania y cumbre de Hampton Court

En marzo de 2005, a raíz de la crisis del gas entre Ucrania y Rusia,[81] la Comisión puso en marcha una nueva iniciativa para completar el mercado interior y decidió iniciar una investigación para determinar las razones del mal funcionamiento del mercado en algunos sectores claves, entre ellos el de la energía, con el fin de eliminar los obstáculos a un entorno competitivo sano,[82] y el 17 de junio de 2005 puso en marcha una investigación sectorial sobre los mercados europeos de la energía.[83] Junto con esta iniciativa de la Comisión, los Estados miembros destacaron la importancia de una política común en materia de energía en la Cumbre informal celebrada el 27 de octubre de 2005 en Hampton Court.[84] El Primer Ministro británico Tony Blair, que ostentaba la Presidencia del Consejo Europeo en ese momento, hizo las siguientes declaraciones sobre la energía después de la Cumbre informal:

78 Reglamento (CE) No 1228/2003 del Parlamento Europeo y del Consejo, de 26 de junio de 2003, relativo a las condiciones de acceso a la red para el comercio transfronterizo de electricidad [2003] DO L 176/1, ANNEX.; Commission, 'Completing the internal energy market' COM (2001) 125 final, página 68.

79 Reglamento (CE) No 1228/2003 del Parlamento Europeo y del Consejo, de 26 de junio de 2003, relativo a las condiciones de acceso a la red para el comercio transfronterizo de electricidad [2003] DO L 176/1, Artículo 8.; Commission, 'Completing the internal energy market' COM (2001) 125 final, página 68.

80 Jean-Arnold Vinois, «The Road to Energy Union», en *Energy Union*, ed. Svein S. Andersen, Andreas Goldthau, y Nick Sitter (London: Palgrave Macmillan UK, 2017), 28.

81 Jérôme Guillet, «Gazprom as a Predictable Partner. Another Reading of the Russian-Ukrainian and Russian- Belarusian Energy Crises», *Russie. Nei. Visions* 18, n.º 1 (2007): 4-24.

82 Commission, 'Working together for growth and jobs A new start for the Lisbon Strategy' (Communication) COM (2005) 24 final, Página 18, párrafo 3.2.2.

83 Commission (DG Competition), 'Energy Sector Inquiry Preliminary Report', 16 February 2006, página 3.; Commission (DG Competition), 'Report on Energy Sector Inquiry' SEC(2006) 1724, página 6.

84 Commission, 'Proposal for a Directive of the European Parliament and of the Council amending Directive 2003/54/EC concerning common rules for the internal market in electricity' COM(2007) 528 final, página 2.

Se llegó a un acuerdo sobre el avance de los trabajos en el sector energético... Según la Comisión Europea,[85] teniendo en cuenta el hecho de que comenzaremos a importar alrededor del 90% de nuestras necesidades de petróleo y gas de Europa en los próximos años, es importante que la política energética sea un tema sobre el que trabajemos juntos como Unión Europea.[86]

Así, la idea de una política energética europea, que hasta entonces había sido motivo de preocupación para el Reino Unido, el estado más reacio a ceder su independencia,[87] fue implementada por el propio Reino Unido durante su presidencia en octubre de 2005[88] y los Estados miembros han pedido a la Comisión que lidere el trabajo sobre la energía después del Consejo Europeo Informal de Hampton Court.[89] También se le ha dado instrucciones a la Comisión para que prepare una comunicación sobre una política energética común europea para el Consejo Europeo de marzo de 2006.[90]

El desarrollo que justificó estas preocupaciones de Inglaterra fue la crisis del gas entre Rusia y Ucrania en enero de 2006. En enero de 2006, como resultado de la crisis, Rusia cortó el gas y los Estados miembros que se dieron cuenta de la dependencia de la Unión de los combustibles fósiles sintieron que su seguridad energética estaba en peligro y se formó una opinión pública favorable a la adopción de una política energética a nivel de la UE.[91] Hasta entonces, la opinión dominante en la Unión, especialmente en Alemania, era que Rusia había sido un suministrador fiable a pesar de todo tipo de tensiones políticas desde el primer envío de gas en el año 1970.[92] La crisis provocada por el corte de gas de Rusia, considerada un socio fiable en materia de energía, ha demostrado que la Unión carece de una medida que pueda prevenir o responder adecuadamente a una crisis energética de este tipo o similar.[93]

1.4.1.2. Libro verde

A la luz de estos acontecimientos, la Comisión ha presentado en el Libro Verde, elaborado a petición del Consejo Europeo Informal de Hampton Court,[94] propuestas y opciones que podrían sentar las bases de una nueva y amplia política energética europea.[95] Según la Comisión, la política energética de la Unión debe incluir tres objetivos:

Sostenibilidad: implica el desarrollo de fuentes de energía de bajo carbono y portadores de energía, la reducción de la demanda de energía en Europa y la lucha contra el cambio climático.

- Competitividad: busca fomentar la inversión en producción de energía limpia y eficiencia energética, al tiempo que mitiga el impacto de los altos precios de la energía en la economía de la UE y sus ciudadanos. Además, se busca mantener a Europa a la vanguardia en tecnologías energéticas.

---

85 Commission, 'European values in the globalised world' (Communication) COM (2005) 524 final/2, Página 9.

86 «Blair Calls for Stronger EU Energy Policy Co-Operation», www.euractiv.com, 31 de octubre de 2005, https://www.euractiv.com/section/science-policymaking/news/blair-calls-for-stronger-eu-energy-policy-co-operation/; «Tony Blair's Energy U-Turn», POLITICO, 2 de noviembre de 2005, https://www.politico.eu/article/tony-blairs-energy-u-turn/.

87 «Tony Blair's Energy U-Turn».

88 Aglika Ganova y Nizar BEN Ayed, «European Union Energy Supply Policy: Diversified in Unity?», mayo de 2007, 46.; Andris Piebalgs, «How the European Union is preparing the" Third Industrial Revolution" with an innovative energy policy», 2009, 2.

89 Commission, 'Interim report on the follow up to the informal meeting of Heads of State and Government at Hampton Court' (Communication) COM (2005) 645 final, página 3.

90 ⁹⁰ James Hughes, «EU Relations with Russia: Partnership or Asymmetric Interdependency?», en *European Foreign Policy in an Evolving International System*, ed. Nicola Casarini y Costanza Musu (London: Palgrave Macmillan UK, 2007), 10.; Ernest Wyciszkiewicz, «Polish Perspective on the EU's Energy Policy and the Security of External Supply», *International Issues & Slovak Foreign Policy Affairs* 18, n.º 01 (2009): 16.; Vinois, «The Road to Energy Union», 28.

91 Ganova y Ayed, «European Union Energy Supply Policy: Diversified in Unity?», 47.

92 Kirsten Westphal, «Energy policy between multilateral governance and geopolitics: whither Europe?», *Internationale politik und gesellschaft* 4, n.º 4 (2006): 45.

93 Wyciszkiewicz, «Polish Perspective on the EU's Energy Policy and the Security of External Supply», 19.

94 Hughes, «EU Relations with Russia», 10.; Wyciszkiewicz, «Polish Perspective on the EU's Energy Policy and the Security of External Supply», 16.; Vinois, «The Road to Energy Union», 28.

95 Commission, 'GREEN PAPER: A European Strategy for Sustainable, Competitive and Secure Energy' (Communication) COM (2006) 105 final, página 4.

- Seguridad de abastecimiento: requiere un enfoque integral que incluya la reducción de la demanda, la diversificación de la mezcla energética de la UE mediante el uso de energías renovables y locales competitivas, así como la diversificación de las fuentes de energía importada y las rutas de suministro. También es importante establecer un marco que fomente inversiones para satisfacer la creciente demanda y mejorar la preparación de la UE para situaciones de emergencia.[96]

- Las propuestas presentadas por la Comisión en el Libro Verde fueron aprobadas en el Consejo Europeo de Bruselas de los días 23 y 24 de marzo de 2006.[97] Para diciembre de 2006, la Comisión había iniciado procedimientos de infracción contra 16 de los 25 Estados miembros por no haber transpuesto correctamente a su legislación nacional las directivas sobre electricidad y gas en el marco del segundo paquete energético.[98]

La Comisión finalizó el 10 de enero de 2007 su investigación sobre el sector energético[99] y también adoptó[100] un paquete titulado "Una política energética para Europa" donde estableció los objetivos 20-20-20.[101] A continuación se abordarán, primero, la investigación del sector energético y, segundo, los objetivos 20-20-20 establecidos en el marco de la política energética.

1.4.1.3. La investigación sobre el sector energético

En el marco de la investigación sectorial sobre los mercados europeos de la energía iniciada el 17 de junio de 2005,[102] la Comisión ha llegado a una serie de conclusiones importantes.[103] Según la Comisión, la apertura del mercado redujo inicialmente los precios de la energía y brindó muchas oportunidades de mercado,[104] y los resultados positivos obtenidos en los países donde la liberalización del mercado se aplicó plenamente convencieron a la Comisión de que no había alternativa al proceso de liberalización del mercado.[105] No obstante, la Comisión señaló que aún no se había alcanzado el objetivo de apertura del mercado y que, a pesar de la liberalización del mercado interior de la energía, seguían existiendo obstáculos a la libre competencia, y que el motivo de la investigación eran las denuncias recibidas al respecto.[106] La Comisión en esta investigación encontró algunos problemas en el mercado. El mercado todavía era concentrado y tenía un carácter nacional.[107] A pesar de la obligación de la separación las empresas verticalmente integradas eran dominantes en el mercado.[108] La integración de los mercados tenían un nivel bajo. La capacidad de las interconexiones eléctricas transfronterizas eran limitadas y eso causaba a la congestión. El bajo nivel del comercio transfronterizo no basta para ejercer una presión competitiva sobre los productores que

96   Commission, 'GREEN PAPER: A European Strategy for Sustainable, Competitive and Secure Energy' (Communication) COM (2006) 105 final, página 17, 18.

97   European Council, '23-24 March 2006 Presidency Conclusions', página 4, 13-17.

98   Commission, 'The Commission takes action against Member States which have still not properly opened up their energy markets' (Press Release) IP/06/1768), 2006.

99   Commission, 'Inquiry Pursuant to Article 17 of Regulation (EC) No 1/2003 into the European Gas and Electricity Sectors (Final Report)' COM (851) final.; Commission (DG Competition), 'Report on Energy Sector I Inquiry' SEC (2006) 1724.

100   Pedersen, Knud, Arno Behrens, and Christian Egenhofer. *Energy policy for Europe: identifying the European added-value: CEPS Task Force Report*. CEPS, 2008. Sayfa:9.

101   Communication from the Commission to the European Council and the European Parliament. An Energy Policy for Europe. Brussels. COM (1) final. SEC (2007) 12.

102   2006 Preliminary Report on 16 February 2006 the Commission ENERGY SECTOR INQUIRY DRAFT PRELIMINARY REPORT sayfa: 3; 2007 DG COMPETITION REPORT ON ENERGY SECTOR INQUIRY 10 January 2007 Brussels, 10 January 2007 SEC(2006) 1724 sayfa: 6

103   Commission, 'Inquiry Pursuant to Article 17 of Regulation (EC) No 1/2003 into the European Gas and Electricity Sectors (Final Report)' COM (851) final.; Commission (DG Competition), 'Report on Energy Sector I Inquiry' SEC (2006) 1724.

104   Commission, 'Inquiry Pursuant to Article 17 of Regulation (EC) No 1/2003 into the European Gas and Electricity Sectors (Final Report)' COM (851) final, página 2, párrafo 1.

105   Ibid, página 2, párrafo 3.

106   Ibid, página 2, párrafo 2.

107   Ibid, página 5, párrafo 14.

108   Ibid, página 6, párrafo 20.

dominan los mercados nacionales.[109] Y lo último la competencia a nivel minorista es limitada.[110] Los consumidores esperan precios más competitivos y lamentan la falta de una oferta paneuropea.[111] La Comisión ha previsto medidas urgentes en respuesta a los problemas mencionados y ha indicado que propondrá legislación para promulgar estas medidas.[112]

1.4.1.4. Los objetivos 20-20-20

El 10 de enero de 2007, la Comisión adoptó el paquete de medidas sobre política energética para Europa. Merece la pena analizar los objetivos adoptados en el marco del paquete, ya que han afectado a la estructura del mercado de la electricidad. El paquete fijaba objetivos concretos para la política energética. Uno de estos objetivos es "20-20-20".[113]

Según esto, los objetivos de la UE son:

– Reducir las emisiones de gases de efecto invernadero en un 20% para 2020,[114]

– Ahorrar el 20% del consumo de energía para 2020,[115]

– Aumentar la participación de las energías renovables al 20% para 2020.[116]

Según la Comisión, es necesaria una nueva revolución industrial en Europa para alcanzar los objetivos mencionados. Esta revolución industrial debe basarse en una alta eficiencia energética y bajas emisiones de CO_2. Para acelerar esta transición, es necesario aumentar considerablemente el uso de energías renovables. Al hacerlo, el objetivo debe ser maximizar la competitividad y reducir los costes.[117]

El Consejo Europeo, que se reunió en Bruselas los días 8 y 9 de marzo, respondió positivamente a las propuestas de la Comisión.[118] Sin embargo, en lugar de definir una política energética común, la Cumbre sentó las bases de una "Política Energética Europea".[119] El primero de los dos pilares de esta base son los tres objetivos de la Política Energética Europea sostenibilidad, competitividad y Seguridad del abastecimiento,[120] mientras que el otro son los "objetivos 20-20-20" explicados anteriormente.[121] Este acuerdo alcanzado en la cumbre, que se refiere a la combinación energética de los Estados miembros, ha sido el primer acuerdo para desarrollar una política energética a escala de la UE.[122]

109   Ibid, página 6,7, párrafo 21.

110   Ibid, página 8, párrafo 31.

111   Ibid, página 8, párrafo 33.

112   Commission, 'Prospects for the internal gas and electricity market' (Communication) COM (2006) 841 final, página 22.; Commission, 'Inquiry Pursuant to Article 17 of Regulation (EC) No 1/2003 into the European Gas and Electricity Sectors (Final Report)' COM (851) final, página 3, párrafo 5.

113   Penttinen y Reins, «The integration of renewable energy sources in the EU electricity grid», 266, 'The backbone of the EU's energy and climate policy framework is formed by the so-called 20-20-20: targets set for greenhouse gas emissions, renewable energy and energy savings.

114   Commission, 'An Energy Policy for Europe' (Communication) COM (2007) 1 final, página 21.

115   Ibid, página 22.

116   Ibid, página 14, 22.

117   Ibid, página 5.

118   European Council, '8/9 MARCH 2007 PRESIDENCY CONCLUSIONS', página 17, párrafo 1.

119   Vinois, «The Road to Energy Union», 29.

120   European Council, '8/9 March 2007 Presidency Conclusions', página 11, párrafo 28.

121   Ibid, página 20,21, párrafo 6,7.

122   Vinois, «The Road to Energy Union», 29.

1.4.2. La propuesta y la aprobación de tercer paquete energético

Del 6 al 8 de junio de 2007, el Consejo (Energía) se reunió en Luxemburgo para negociar cuestiones clave relativas al mercado interior de la electricidad.[123] El principal tema de la reunión del Consejo era la separación. Con 16 de los 27 Estados miembros a favor de la plena separación de la propiedad, se declaró que la Comisión debía buscar una solución alternativa, ya que no se podía lograr una mayoría a favor de la plena separación de la propiedad.[124] Esto se interpretó como una victoria de Francia y Alemania.[125] Al final la Comisión en su propuesta no abandonó completamente la plena separación de la propiedad a pesar de la mencionada actitud de los Estados miembros, y estableció este modelo de separación como el modelo de separación preferido,[126] con la opción de un 'gestor de red independiente' como alternativa.

Esta opción es una alternativa a la plena separación de la propiedad, que permite a las empresas integradas verticalmente conservar la propiedad de los activos de las redes de transporte, pero exige que la red de transporte sea gestionada por un gestor de red independiente -una empresa u organización completamente separada de la empresa integrada verticalmente- que desempeñe todas las funciones de un gestor de red.[127]

La propuesta también incluyó medidas para mejorar el funcionamiento del mercado minorista porque los consumidores a pesar de los trabajos de la liberalización todavía no podían aprovechar de los beneficios del mercado. Por eso la Comisión introdujo un marco para el establecimiento gradual de un mercado minorista europeo (los hogares y las pequeñas empresas). La creación de un verdadero mercado europeo del usuario final es el objetivo último de los mercados interiores de la electricidad. En este período, no existía un mercado europeo de electricidad minorista. Aunque teóricamente, a partir del 1 de julio de 2007, los hogares o pequeñas empresas tenían derecho de elección de proveedor en el mercado minorista liberalizado solo podían ejercer ese derecho en los mercados eléctricos nacionales. Mientras las industrias aprovechando de la liberalización y eligiendo sus suministradores a nivel europeo en los mercados mayoristas la falta de un marco legal llevaba a los usuarios finales a depender de los suministradores establecidos subvencionando las industrias nacionales y se distorsionaban las señales del mercado. La Comisión propuso establecer un mecanismo similar al Foro de Florencia para el mercado minorista de electricidad de Europa. Un funcionamiento eficaz del mercado minorista ayuda a aumentar la conciencia de los consumidores sobre su consumo eléctrico y los costos asociados. Sin embargo, para mejorar la conciencia del consumidor, esto puede no ser suficiente. Es necesario informar a los consumidores con mayor frecuencia sobre su consumo eléctrico y los precios. Esta práctica facilitaría el surgimiento de servicios eléctricos específicos que satisfarían las necesidades individuales de los hogares por parte de los suministradores.[128] Además, la Comisión propuso el derecho de los consumidores a cambiar de suministrador de energía en cualquier momento. La Comisión consideró suficiente la separación legal y funcional en las empresas de distribución, sin imponer la separación de la propiedad en estas compañías.[129]

El Consejo (Energía), reunido en Luxemburgo los días 9 y 10 de octubre de 2008, concluyó sus negociaciones y llegó a un acuerdo sobre el tercer paquete energético.[130] En este proceso de negociación se hicieron varias concesiones, como siempre ocurre en el proceso de integración en la UE.[131] Como una de estas concesiones, se añadió una

---

123 Council of European Union, '2805th Council meeting Transport, Telecommunications and Energy Luxembourg' (Press Release), 6-8 June 2007, página 9.

124 UK Parliament, EU Energy Council-Volume 461: debated on Tuesday 12 June 2007, 09/04/2024, https://hansard.parliament.uk/commons/2007-06-12/debates/07061272000023/EUEnergyCouncil

125 «EU states reject breaking up energy firms – Euractiv», accedido 30 de junio de 2024, https://www.euractiv.com/section/energy/news/eu-states-reject-breaking-up-energy-firms/.

126 Commission, 'Proposal for a Directive of the European Parliament and of the Council amending Directive 2003/54/EC concerning common rules for the internal market in electricity' COM (2007) 528 final, página 5.

127 Ibid, página 6.

128 Ibid, página 18.

129 Ibid, página 19.

130 Council of European Union, '2895th Council meeting Transport, Telecommunications and Energy Luxembourg' (Press Release), 9-10 October 2008, página 17.

131 Vinois, «The Road to Energy Union», 30.

opción de gestor de transporte independiente[132] de las opciones de separación de la propiedad total[133] y de gestor de red independiente.[134] Esta opción permite a las empresas integradas verticalmente conservar la propiedad de sus redes de transporte, siempre que las redes sean explotadas por un gestor de red de transporte independiente y se prevean salvaguardias adicionales.[135]

> "el modelo de gestor de transporte independiente, en el que la empresa de red permanece dentro de una empresa integrada verticalmente, pero con algunas normas estrictas para evitar que las unidades de generación y suministro interfieran en el funcionamiento de la red.[136]"

Esto permitiría a las empresas energéticas integradas verticalmente mantener la propiedad de los activos de red, garantizando al mismo tiempo que los gestores de red independientes o los gestores de transporte independientes que se establezcan, que son independientes de los intereses de suministro y generación, cumplan todas las funciones de un gestor de red y garanticen una separación efectiva de intereses mediante una regulación detallada y la aplicación de mecanismos de control por el regulador.[137]

La Comisión desde la primera propuesta de 1992 quería una separación de propiedad pero al final no ha podido lograrlo. Es un buen ejemplo para mostrar la dificultad de cambiar las costumbres establecidas a nivel nacional. Mientras en España la separación de la propiedad se realizó en 1985,[138] en Francia la separación está todavía en el nivel más bajo en 2024.[139] Porque en España el sector privado siempre ha sido activo desde el inicio del sector eléctrico. Pero en Francia después de la segunda guerra mundial se nacionalizó todo el sector y hasta ahora el Estado es un actor dominante. Por eso se puede llegar a una conclusión: que la transición energética también va a presentar mucha dificultad porque los consumidores tienen que cambiar sus costumbres y cambiar los costumbres es muy difícil.

En este capítulo se ha abordado la evolución del mercado de electricidad en UE. Al inicio todo el esfuerzo era por un mercado más competitiva.[140] Pero al pasar de los años la meta ha evolucionado y al lado de un mercado competitivo también se añadió el objetivo de 20-20-20 para abandonar la dependencia de la UE en energía de terceros estados. Los conflictos entre Rusia y Ucrania han impulsado la UE y los Estados miembros para tomar en serio la energía renovable y eficiencia de la energía y pusieron objetivos vinculantes a nivel nacional en la generación de la energía renovable y eficiencia de la electricidad. En el siguiente capitulo veremos que el aumento de la tensión entre Rusia y Ucrania iba a empujar a la Unión para subir los objetivos de la energía y crear una Unión de la Energía.

---

132   Directive 2009/72/EC of the European Parliament and of the Council, concerning common rules for the internal market in electricity and repealing Directive 2003/54/EC, OJ L 211/55, articles: 9(8)(b), 17.

133   Directive 2009/72/EC of the European Parliament and of the Council, concerning common rules for the internal market in electricity and repealing Directive 2003/54/EC, OJ L 211/55, articles: 9(1), 9(2).

134   Commission, 'Proposal for a Directive of the European Parliament and of the Council amending Directive 2003/54/EC concerning common rules for the internal market in electricity' COM (2007) 528 final, página 6; Directive 2009/72/EC of the European Parliament and of the Council, concerning common rules for the internal market in electricity and repealing Directive 2003/54/EC, OJ L 211/55, articles: 9(8)(a), 17.

135   Council of European Union, '2895th Council meeting Transport, Telecommunications and Energy Luxembourg' (Press Release), 9-10 October 2008, página 18.

136   Vedder et al., «EU energy law», página 270, párrafo 4.233.

137   Directive 2009/72/EC of the European Parliament and of the Council, concerning common rules for the internal market in electricity and repealing Directive 2003/54/EC, OJ L 211/55, considerando 16.

138   Ch Schulke, «The EU's major electricity and gas utilities since market liberalization», *Institut Français des Relations Internationales (IFRI)*, 2010, 153.

139   Commission, 'pursuant to Article 3(1) of Regulation (EC) No 714/2009 and Article 10(6) of Directive 2009/72/EC - France - Certification of RTE' (Commission Opinion) C(2018) 150 final, página 1.

140   Galán Sosa, *La regulación del autoconsumo de energía eléctrica [Kindle Version]*, 177.

2. La Unión de la Energía y el nuevo papel de los consumidores en el mercado de electricidad

En el primer capítulo hemos visto la tendencia y las legislaciones hacia la creación de un mercado eléctrico más liberalizado desde los años 90 hasta el tercer paquete energético del mercado eléctrico. Los primeros tres paquetes del mercado eléctrico estaban enfocados en la apertura de los mercados, integración de las redes eléctricos y separación de generación, transmisión y distribución de la electricidad. El nivel de éxito de ese trabajo es discutible pero después de la legislación del tercer paquete energético el mercado eléctrico, comparado con los años 80, está mucho más liberalizado. Pero ahora la Unión tuvo un nuevo reto y eso era la independencia en energía. Después de las crisis energéticas entre Rusia y Ucrania la Unión se sintió la necesidad de un cambio radical en el diseño del mercado para enfrentar el problema de la dependencia energética principalmente de Rusia y también de otros estados terceros que no comparten los mismos valores con la Unión. Así que la Unión aceleró sus esfuerzos para los objetivos de 20-20-20 y aceptó la Unión de la Energía en 2015. Con la aceptación de la Unión de la Energía el consumidor se puso en el centro del mercado eléctrico.[141] En este capítulo se explicarán los cambios en el mercado para poner al consumidor en el centro del mercado eléctrico. Para ese objetivo primero se abordarán algunos eventos políticos entre la transición del tercer paquete energético y la Unión de la Energía. Segundo se abordará la aceptación de la Unión de la Energía y el contenido y objetivos de esta unión. En la tercera y última parte se abordarán el nuevo marco jurídico de la política de la energía UE con el enfoque especial a los clientes activos.

2.1. Hacia una Unión de la Energía

En 2014 antes de la anexión de la Crimea por Rusia la Comisión definió los objetivos de la energía del año 2030. En enero de 2014, la Comisión trabajó en el establecimiento de una política energética para 2030. En primer lugar, en la Comunicación titulada "Un marco estratégico en materia de clima y energía para el periodo 2020-2030", el objetivo para 2030 es reducir las emisiones de gases de efecto invernadero en un 40% respecto a los niveles de 1990, y la cuota de energías renovables entre las fuentes de energía es del 27%.[142] En cuanto al ahorro de energía, en este documento se fijado un objetivo del 25%,[143] señalando que su análisis se hará con más detalle en la próxima comunicación.[144]

En segundo lugar, a finales de mayo, la Comisión adoptó la "Estrategia Europea de la Seguridad Energética".[145] Según la Comisión, la seguridad energética no ha sido un problema para los ciudadanos de los Estados miembros desde la crisis del petróleo de los años 70, lo que demuestra el éxito de los Estados miembros y la Comisión. Sin embargo, en 2006 y 2009, la situación cambió y la escasez temporal de gas afectó directamente a los ciudadanos de la UE, y esta grave situación constituyó una "llamada de atención" (wake-up call) para la formación de una política energética común europea. Tras las crisis energéticas de 2006 y 2009, las medidas se tomaron una tras otra.[146]

En tercer lugar, en junio de 2014, la Comisión adoptó una Comunicación sobre eficiencia energética titulada "La eficiencia energética y su contribución a la seguridad de la energía y al marco 2030 para las políticas en materia de clima y energía".[147] La Comunicación aborda la contribución que la eficiencia energética puede hacer a la seguridad

141   Penttinen y Reins, «The integration of renewable energy sources in the EU electricity grid», 272.; Galán Sosa, *La regulación del autoconsumo de energía eléctrica [Kindle Version]*, 103, 104.

142   Commission, 'A policy framework for climate and energy in the period from 2020 to 2030' (Communication) COM (2014) 15 final, página 5.

143   Commission, 'A policy framework for climate and energy in the period from 2020 to 2030' (Communication) COM (2014) 15 final, página 8.

144   Commission, 'A policy framework for climate and energy in the period from 2020 to 2030' (Communication) COM (2014) 15 final, página 5.

145   Commission, 'European Energy Security Strategy' (Communication) COM (2014) 330 final.

146   Commission, 'European Energy Security Strategy' (Communication) COM (2014) 330 final, página 2.

147   Commission, 'Energy Efficiency and its contribution to energy security and the 2030 Framework for climate and energy policy' (Communication) COM (2014) 520 final.

energética y a los objetivos de mitigación de los gases de efecto invernadero, que son dos partes importantes de las políticas climáticas y energéticas.[148] En sus conclusiones, la Comisión estableció que el objetivo de ahorro energético del 20% para 2020 se podía alcanzarse no era necesaria medidas adicionales. Para 2030, la Comisión revisó su anterior objetivo del 25%[149] y declaró que debía tenerse en cuenta la fuerte relación entre ahorro y dependencia energéticos y que un objetivo del 30% sería más adecuado.[150] El Consejo ha adoptado estos objetivos para 2030.[151]

La Comisión revisó su objetivo de la eficiencia de la energía después de la anexión de la Crimea con un énfasis de la dependencia de la energía de la UE. Según la Comisión la eficiencia de la energía puede aportar a la independencia de la energía. Por eso el cambio del objetivo de la eficiencia de la energía de %25 a %30 ha sido directamente por la preocupación de la dependencia en la energía de terceros estados.

2.2 . La aceptación de la Unión de la Energía

Tras determinar que la Unión de la Energía era una de las prioridades de la nueva Comisión,[152] poco después de su elección, la Comisión publicó el 25 de febrero de 2015 el paquete de la Unión de la Energía bajo el título "Estrategia Marco para una Unión de la Energía resiliente con una política climática prospectiva", que explica el marco de la Unión de la Energía.[153] La

Comunicación a diferencia de las anteriores estrategias de la UE en materia de energía, sitúa al consumidor (hogares y empresas) en el centro de las tareas energéticas:[154]

> Y lo que es más importante, aspiramos a una Unión de la Energía centrada en los ciudadanos, en la que estos asuman la transición energética, aprovechen las nuevas tecnologías para reducir sus facturas y participen activamente en el mercado, y en la que se proteja a los consumidores vulnerables.[155]

En el cambio de paradigma que ha traído consigo la Unión de la Energía, la atención ya no se centra en el suministro de energía, sino en responder a la demanda de servicios de energía de los consumidores. En resumen, se ha pasado de un enfoque orientado a la oferta a otro orientado a la demanda.[156] La Unión de la Energía no sólo ha situado a los consumidores en su centro, sino que los ha identificado como participantes activos en el nuevo paradigma.[157]

En julio de 2015, la Comisión desarrolló esta nueva política y este nuevo enfoque en un documento titulado «Creación de un nuevo acuerdo para los consumidores de energía», en el que se aborda la posición de los consumidores en el mercado de la energía.[158] Según la Comisión, los hogares y las empresas, clientes del mercado minorista de la electricidad, no se han beneficiado de los últimos 10 años de cambio y transformación del sector energético. En su Comunicación, la Comisión analiza las razones de esta situación y sugiere que se tomen medidas para garantizar

---

148 Commission, 'Energy Efficiency and its contribution to energy security and the 2030 Framework for climate and energy policy' (Communication) COM (2014) 520 final, página 2.

149 Council of European Union, 'Conclusions on 2030 Climate and Energy Policy Framework' (23 and 24 October 2014), página 8.

150 Commission, 'Energy Efficiency and its contribution to energy security and the 2030 Framework for climate and energy policy' (Communication) COM (2014) 520 final, página 17.; Galán Sosa, *La regulación del autoconsumo de energía eléctrica [Kindle Version]*, 126.

151 Council of European Union, 'Conclusions on 2030 Climate and Energy Policy Framework' (23 and 24 October 2014), página 5.

152 «President Juncker's Political Guidelines - European Commission», accedido 30 de junio de 2024, https://commission.europa.eu/publications/president-junckers-political-guidelines_en.

153 Commission, 'ENERGY UNION PACKAGE: A Framework Strategy for a Resilient Energy Union with a Forward-Looking Climate Change Policy' (Communication) COM (2015) 80 final.

154 Thomas Pellerin-Carlin, «The European energy union», en *Research Handbook on EU Energy Law and Policy* (Edward Elgar Publishing, 2017), 70, 71.; Penttinen y Reins, «The integration of renewable energy sources in the EU electricity grid», 272.

155 Commission, 'ENERGY UNION PACKAGE: A Framework Strategy for a Resilient Energy Union with a Forward-Looking Climate Change Policy' (Communication) COM (2015) 80 final, página 2.

156 Thomas Pellerin-Carlin, «Putting the consumer at the centre of the European energy system», *Notre Europe, Jacques Delors Institute, June* 8 (2016): 1.

157 Pellerin-Carlin, «The European energy union», 71.

158 Commission, 'Delivering a New Deal for Energy Consumers' (Communication) COM (2015) 339 final.

que los consumidores puedan desempeñar un papel activo en el mercado.[159] Una de las soluciones que sugiere la Comisión era:

> Ofrecer a los consumidores la posibilidad de desempeñar un papel activo en el sector de la energía y de obtener ventajas gracias a su actuación, por ejemplo, adaptando y reduciendo su consumo en función de la evolución de los precios, contribuyendo a equilibrar la variabilidad de las energías renovables al adoptar la respuesta a la demanda, o produciendo o almacenando energía.[160]

Por este párrafo deducimos que según la Comisión los consumidores pueden participar en el mercado en dos vías: produciendo la electricidad y participando en todos los mercados de electricidad proporcionando flexibilidad al sistema. Pueden consumir, almacenar o/y vender la electricidad producida en el mercado o pueden participar a la respuesta de la demanda y a los sistemas de eficiencia energética. Pero el marco legislativo todavía no era adecuado para la participación de los consumidores en el mercado de la electricidad.[161] Por eso se necesitaba un nuevo marco legal. En la siguiente sección se abordar el nuevo marco legal del mercado de la electricidad.

2.3. El cuarto paquete energético: Energía limpia para todos los europeos

La Comisión adoptó el cuarto paquete energético, también conocido como Energía limpia para todos los europeos,[162] con el fin de proporcionar el nuevo marco legislativo necesario para hacer realidad el objetivo de la UE de permitir la transición de los combustibles fósiles a las energías nuevas y renovables. La propuesta de la Comisión, presentada el 30 de noviembre de 2016, constaba de cuatro directivas y cuatro reglamentos.[163] En el verano de 2019 se aprobó la prepuesta. En el marco del paquete, se han revisado la directiva del mercado de la electricidad y el reglamento del mercado de la electricidad para organizar un mercado de la electricidad que pueda satisfacer las necesidades de la nueva política energética de la Unión. Estas modificaciones son las más importantes del paquete.[164]

Las directivas de 1996, 2003 y 2009 del mercado de la electricidad se centraron en liberalizar el sector eléctrico monopolístico y establecer un mercado común de la electricidad en toda la UE.[165] Adoptada en 2019 como parte del paquete Energía limpia para todos los europeos, la directiva de electricidad sigue con los objetivos de liberalización y mercado común de la energía, pero ha cambiado su enfoque.[166] La directiva sobre el mercado de la electricidad se ha centrado en reforzar la posición de los consumidores, permitiéndoles contribuir a una mayor flexibilidad de los mercados eléctricos mediante su participación en la generación de electricidad y el control de su consumo.[167] La Directiva definió por primera vez el concepto de consumidor activo y estableció su marco jurídico. En la siguiente sección se analiza en detalle ese concepto.

---

159   Ibid, página 2.

160   Ibid, página 10.

161   Galán Sosa, *La regulación del autoconsumo de energía eléctrica [Kindle Version]*, 169.

162   Para la denominacion: Meeus y Reif, «Why did we start with electricity markets in Europe?», 4.

163   Commission, 'Clean Energy For All Europeans' (Communication) COM (2016) 860 final.

164   Michael Mathur y Energy Law, «Energy Storage in the new Electricity Market Design–leveling the playing field and improving the Security of Electricity Supply», 2020, 1.

165   Claire Lesieur, «The European Union's liberalisation of electricity markets since 1996: implementation and consequences in France.» (Master's Thesis, University of Twente, 2023), 14.

166   Kanerva Sunila, *Regulating the change in the EU electricity markets-Finding the balance between tomorrow and yesterday* (Aalto University, 2023), 22, 23.

167   Directive (EU) 2019/944 of the European Parliament and of the Council of 5 June 2019 on common rules for the internal market for electricity and amending Directive 2012/27/EU (recast) [2019] OJ L158/125, Considerendo 10.; Sunila, 22, 23.

2.4. El nuevo marco legal para clientes activos

En la directiva del mercado de la electricidad hay una definición general para clientes activos:

> "«cliente activo»: un cliente final, o un grupo de clientes finales que actúan conjuntamente, que consume o almacena electricidad generada dentro de sus locales situados en un ambiente confinado o, si así lo permite el Estado miembro, en otras ubicaciones, o que venda electricidad autogenerada o participe en planes de flexibilidad o de eficiencia energética, siempre que esas actividades no constituyan su principal actividad comercial o profesional;"[168]

Según la definición, un cliente activo puede ser *un cliente final o un grupo de clientes finales* entonces un cliente activo puede ser un individuo o una comunidad mientras que *esas actividades no constituyan su principal actividad comercial o profesional.*[169] Así que ser cliente activo no es especial solo para los hogares. Las empresas cuyas actividades *no constituyan su principal actividad comercial o profesional* también pueden ser un cliente activo.

Bajo del marco del paquete Energía limpia para todos los europeos hay 4 diferentes tipos de clientes activos. Dos de ellos están en la directiva del mercado de electricidad y 2 de ellos están en la directiva de energía renovable. En la directiva del mercado de la electricidad aparte de la definición del cliente activo también hay una definición de comunidad ciudadana de energía y en la directiva de energía renovable hay definiciones de autoconsumidor de energías renovables[170] y comunidad de energías renovables.[171] Son conceptos relacionados y *"similares, pero no totalmente consistentes."*[172] Por ejemplo autoconsumidor de energías renovables[173] es un subgrupo del cliente activo pero no puede participar en planes de flexibilidad o de eficiencia energética.[174] Entre comunidad ciudadana de energía y la comunidad de energías renovable también hay algunas diferencias que las distinguen. Una de ellas es el control de la comunidad. Mientras en la comunidad de energías renovable para el control efectivo no se hace referencia al tamaño de la empresa, para las comunidades energéticas ciudadanas el control efectivo se limita a los miembros que sean personas físicas, microempresas y pequeñas empresas, y autoridades locales. Las medianas y grandes empresas no pueden tener el control efectivo sobre una comunidad ciudadana de la energía.[175]. No obstante el término cliente activo es un término general para todos ellos. En este trabajo por lo general solo se abordará el concepto del cliente activo en el sentido de la directiva del mercado de la electricidad.

La nueva directiva en el artículo 15 impone algunas obligaciones importantes a los Estados miembros para incentivar y garantizar la participación de los clientes activos al mercado de la electricidad. Considerando que existen barreras para los clientes activos, la Comisión, quería eliminar las barreras a la participación de los clientes activos en la red, y prevé que los clientes activos también participen en los costes de la red.[176] El artículo concede a los clientes activos algunos derechos y responsabilidades. En primer lugar, el artículo da a los clientes activos el derecho de participación directamente o mediante los agregadores.[177] Como se ha visto antes los clientes activos pueden participar en el mercado de la electricidad generando y/o almacenando la electricidad o manejando su consumo.[178]

---

168   Directive (EU) 2019/944 of the European Parliament and of the Council of 5 June 2019 on common rules for the internal market for electricity and amending Directive 2012/27/EU (recast) [2019] OJ L158/125, artículo 2(8).

169   Ibid.

170   Directive (EU) 2018/2001 of the European Parliament and of the Council of 11 December 2018 on the promotion of the use of energy from renewable sources, artículo 2(14).

171   Ibid, artículo 2(16).

172   «Q&A - What Are Citizen and Renewable Energy Communities? - REScoop», 1, accedido 30 de junio de 2024, https://www.rescoop.eu/toolbox/q-a-what-are-citizen-and-renewable-energy-communities.; Galán Sosa, *La regulación del autoconsumo de energía eléctrica [Kindle Version]*, 170, 172, 173.

173   Directive (EU) 2018/2001 of the European Parliament and of the Council of 11 December 2018 on the promotion of the use of energy from renewable sources, artículo 2(14).

174   Energy Community Secretariat, 'Policy Guidelines on Integration of Renewables Self-Consumers' PG 03/2020 / 28 September 2020, página:4.

175   «Q&A - What Are Citizen and Renewable Energy Communities?», 6.

176   Commission, 'Proposal for a Directive of the European Parliament and of the Council on common rules for the internal market in electricity (recast)' COM(2016) 864 final, página 5.

177   Directive (EU) 2019/944 of the European Parliament and of the Council of 5 June 2019 on common rules for the internal market for electricity and amending Directive 2012/27/EU (recast) [2019] OJ L158/125, artículo 15(2)(a).

178   Commission, 'Establecer un nuevo acuerdo para los consumidores de energía' (Communication) COM (2015) 339 final, página 10.

Estas acciones son importantes, pero (excepto de la industria) son individualmente demasiado pequeñas para el mercado de la electricidad. Podrían negociarse mejor en los mercados a través de agregadores, que combinan las cargas activas individuales de los clientes en ofertas más grandes.[179]

No obstante, para los clientes activos todavía lo más importante es un marco jurídico que les da el acceso a los mercados.[180] Antes de la directiva había muchas barreras para los clientes activos.[181] Para levantar estas barreras en segundo lugar, el artículo da a los clientes activos el derecho a vender la electricidad generada por ellos mismos.[182] El descenso de los precios de la tecnología ahora permite a más gente reducir costes mediante paneles solares en tejados y baterías. Sin embargo, unas normas incoherentes obstaculizan esa oportunidad. La obligación y aplicación de normas que reconozcan el derecho de los consumidores a generar energía para autoconsumo y vender los excedentes a la red podría resolver estos problemas.[183]

En tercer lugar, el artículo da a los clientes activos el derecho a participar en programas de flexibilidad y en programas de eficiencia energética.[184] Aquí hay dos conceptos: flexibilidad o respuesta de la demanda y eficiencia energética. Mientras que la respuesta de la demanda se centra en desplazar el consumo de las horas punta a las horas valle para obtener beneficios económicos, los programas de eficiencia energética pretenden reducir el consumo independientemente del momento de uso. Sin embargo, la conciencia de los consumidores sobre los precios a través de la respuesta de la demanda puede fomentar un consumo menos malgastador de la electricidad. Además, la reducción del consumo en horas punta puede dar lugar a reducciones de emisiones, pero el impacto neto depende de la fuente de energía desplazada en horas punta y del aumento de la fuente de energía fuera de horas punta.[185] Por ejemplo si en un día en la hora punta se tiene que usar el gas y en la hora valle se usa la energía renovable para la generación de la electricidad entonces el desplazamiento del uso de la energía también reduce la emisión.

En cuarto lugar, el artículo da a los clientes activos el derecho a delegar en un tercero la gestión de las instalaciones necesarias para sus actividades.[186] Los clientes activos del sector eléctrico ejercen actividades que han evolucionado a partir de mecanismos ya existentes. Los proveedores existentes ofrecen ahora servicios como dispositivos de gestión de la energía y baterías, que podrían considerarse servicios de gestión de terceros.[187]

En quinto lugar el artículo da el derecho a los clientes activos a estar sujetos a tarifas de red que reflejen los costes, transparentes y no discriminatorias que tengan en cuenta por separado la electricidad suministrada y la consumida de la red.[188] Las tarifas que reflejan los costes garantizan que los usuarios de la red paguen por los costes que su

---

179   Nikolina Šajn, «Electricity "Prosumers"», Briefing (European Parliamentary Research Service, noviembre de 2016), 4.

180   Katalin J. CSERES, «The active energy consumer in EU law», *European Journal of Risk Regulation* 9, n.º 2 (2018): 234.

181

182   Directive (EU) 2019/944 of the European Parliament and of the Council of 5 June 2019 on common rules for the internal market for electricity and amending Directive 2012/27/EU (recast) [2019] OJ L158/125, artículo 15 (2)(b).

183   Commission, 'Propuesta de Directiva del Parlamento Europeo y del Consejo sobre normas comunes para el mercado interior de la electricidad (versión refundida)' COM(2016) 864 final, página 6.

184   Directive (EU) 2019/944 of the European Parliament and of the Council of 5 June 2019 on common rules for the internal market for electricity and amending Directive 2012/27/EU (recast) [2019] OJ L158/125, artículo 15 (2)(c).

185   «The Power To Choose - Demand Response in Liberalised Electricity Markets» (Paris: International Energy Agency / Organization for Economic Cooperation and Development, 2003), 55, 56, 57.

186   Directive (EU) 2019/944 of the European Parliament and of the Council of 5 June 2019 on common rules for the internal market for electricity and amending Directive 2012/27/EU (recast) [2019] OJ L158/125, artículo 15(2)(d).

187   «Call for Evidence on Active Consumers & Jointly Acting Active Consumers under the Clean Energy Package» (Ireland: Commission for Regulation of Utilities, 26 de agosto de 2020), 29.

188   Directive (EU) 2019/944 of the European Parliament and of the Council of 5 June 2019 on common rules for the internal market for electricity and amending Directive 2012/27/EU (recast) [2019] OJ L158/125, artículo 15(2)(e).

consumo de electricidad impone a la red de distribución. Estos costes dependen de la capacidad disponible de la red y de la cantidad de electricidad consumida.[189]

Además de estos derechos, los clientes activos son financieramente responsables de los desequilibrios que causan en el sistema.[190] Un responsable de equilibrio se encarga de gestionar los desequilibrios en el mercado de la electricidad para un participante en el mercado o su representante. Los responsables de equilibrio son contratados por suministradores, agregadores o directamente por grandes clientes. Según el reglamento del mercado de la electricidad todos los participantes del mercado deben ser responsables de los desequilibrios que causan,[191] (asegurándose que la energía consumida coincida con la energía suministrada dentro de cada período de liquidación de desequilibrio). Normalmente, la responsabilidad de equilibrio de un cliente activo se transfiere al responsable de equilibrio contratado por su suministrador, lo que hace al responsable de equilibrio responsable de cualquier riesgo de desequilibrio para sus clientes activos.[192] La responsabilidad de equilibrio otorgada a los clientes activos demuestra que la transición a las energías renovables en la UE se llevará a cabo teniendo en cuenta la eficiencia del mercado y que los clientes activos no gozarán de ventajas injustas frente a otros generadores.[193]

En conclusión, los clientes activos pueden participar en el mercado por tres vías:

- Produciendo la electricidad: Pueden consumir o/y vender la electricidad producida en el mercado,

- Almacenando la electricidad: Pueden almacenar la electricidad generada con su generador o pueden comprar la electricidad cuando es barato.

- Participando en todos los mercados de electricidad proporcionando flexibilidad al sistema: participar a la respuesta de la demanda o a los sistemas de eficiencia energética.[194]

- En lo siguiente se abordarán las tres vías la participación de los clientes activos en los mercados de la electricidad.

2.4.1. Cliente activo como productor de la electricidad

Un cliente activo como productor puede autoconsumir o/y vender la electricidad producida en el mercado. En los últimos años con el desarrollo de la tecnología ha aumentado la instalación de energía renovable, cada vez más fácil acceder a la tecnología de generación para los consumidores.[195] Como consecuencia, los clientes activos han surgido como un nuevo actor en el mercado de la electricidad generando electricidad.

2.4.1.1. Autoconsumo

La autogeneración de energía históricamente ha sido la primera fuente de energía del ser humano.[196] Por ejemplo hasta el final del siglo XIX la iluminación de los espacios interiores era dependiente de algunos combustibles peligrosos como queroseno, velas o gas de carbón. Las lámparas de gas eran explosivos y si se apagaban, podían causar asfixia por eso para el uso se requerían grandes habitaciones con grandes ventanas. Las lámparas de gas

189 «Council of European CEER Paper on Electricity Distribution Tariffs Supporting the Energy Transition» (Brussels, Belgium: CEER, C19-DS-55-04), 10.

190 Directive (EU) 2019/944 of the European Parliament and of the Council of 5 June 2019 on common rules for the internal market for electricity and amending Directive 2012/27/EU (recast) [2019] OJ L158/125, artículo 15(2)(f).

191 Reglamento (UE) 2019/943 del Parlamento Europeo y del Consejo, de 5 de junio de 2019, relativo al mercado interior de la electricidad (versión refundida), artículo 5.

192 Hans De Heer, Marten van der Laan, y Aurora Sáez Armenteros, «USEF: The framework explained», *Universal Smart Energy Framework: Arnhem, The Netherlands*, 2021, 12.

193 Vicktoria Elazarova, «Where is the EU steering the Electricity Market? A Comparison between the Third and Fourth Electricity Directives» (Amsterdam Law School (FdR), 2019), 29.

194 Directive (EU) 2019/944 of the European Parliament and of the Council of 5 June 2019 on common rules for the internal market for electricity and amending Directive 2012/27/EU (recast) [2019] OJ L158/125, considerando 42.

195 Galán Sosa, *La regulación del autoconsumo de energía eléctrica [Kindle Version]*, 36.

196 Henri Marie L. van Soest, «The Prosumer in European Energy Law», *Marlus* 402 (2018): 117, https://www.duo.uio.no/handle/10852/67640.

eran la mejor opción que tenía la gente pero su luz parpadeaba, tenía un mal olor, su luminosidad era limitada y muchas veces causaba dolores de cabeza.[197]

En la electricidad, autogeneración y autoconsumo generalizado son conceptos nuevos.[198] En Estados Unidos la invención de la luz incandescente permitió la iluminación de los interiores y eso incentivó el uso de la electricidad en los hogares o tiendas.[199] Pero se necesitaba que la electricidad estuviese lista 24 horas para encender la luz en cualquier momento. Las pilas no tenían capacidad para suministrar esta cantidad de electricidad durante un tiempo largo. Entonces había dos opciones. La primera es instalar dinamos en cada sitio donde se consume electricidad que es algo difícil y no es eficiente. La otra opción es instalar una central eléctrica donde se pueda generar la electricidad de manera más eficiente.[200] Por eso se puso una central eléctrica en 1882.[201] Esa central usaba corriente continua y en estos tiempos con la corriente continua la electricidad solo se podía transportar a una distancia muy limitada (1,6 Km máximo).[202] Por eso en los primeros años las centrales eléctricas no estaban centralizadas, había una generación descentralizada.[203] Pero después con la corriente alterna la electricidad se podía transportar a una distancia mucha más larga.[204] En 1884 por primera vez la electricidad se pudo transportar a una distancia larga, desde Turín hasta Lanzo Torinese (40 Km).[205] Eso permitió crear grandes centrales eléctricas y aprovechar las economías de escala.[206] Con este sistema la generación se centralizó[207] Mas de 100 años después ese sistema centralizado se está transformando hacia un sistema más descentralizado.[208] Los consumidores ahora están produciendo la electricidad para su propio consumo. La participación de esa actividad está aumentando en Europa y Estados Unidos.[209] Principalmente el uso de paneles soleres ha sido el más disruptivo entre otras fuentes de la generación descentralizada.[210]

La autogeneración con el objetivo del autoconsumo se puede considerar como generación negativa para red eléctrica, porque el consumidor en vez de usar la electricidad que le suministra la red eléctrica usa la electricidad autogenerada y la electricidad de la red que podría haber usado no se ha consumido. Pero el autoconsumo tiene sus límites. Por eso la autogeneración también está relacionado con otras actividades del cliente activo como la venta de la electricidad excedente y el almacenamiento[211] que se va a abordar en otras secciones.

Con la ayuda del autoconsumo los consumidores pueden reducir sus facturas[212] y al mismo tiempo pueden beneficiar al sistema eléctrico. Primero el autoconsumo puede reducir las pérdidas de la transmisión acortando

197   John F. Wasik, *The merchant of power: Sam Insull, Thomas Edison, and the creation of the modern metropolis* (Palgrave Macmillan, 2006), 14.; Galán Sosa, *La regulación del autoconsumo de energía eléctrica [Kindle Version]*, 28.

198   van Soest, «The Prosumer in European Energy Law», 117.; Penttinen y Reins, «The integration of renewable energy sources in the EU electricity grid», 271.; Thomas James Hammons, «Integrating renewable energy sources into European grids», *International Journal of Electrical Power & Energy Systems* 30, n.º 8 (2008): 462.

199   Adam Allerhand, «Early AC power: The first long-distance lines [history]», *IEEE Power and Energy Magazine* 17, n.º 5 (2019): 82.

200   Wasik, *The merchant of power*, 15.

201   Wasik, 20, 21.

202   Jasmina Vujić, «Nikola Tesla: Electrifying Legacy», *Scientific-Technical Review, LVI* 2 (2006): 3.

203   Hammons, «Integrating renewable energy sources into European grids», 462.; Galán Sosa, *La regulación del autoconsumo de energía eléctrica [Kindle Version]*, 28.

204   Vujić, «Nikola Tesla», 3.

205   Allerhand, «Early AC power», 82.

206   Galán Sosa, *La regulación del autoconsumo de energía eléctrica [Kindle Version]*, 30.

207   David P. Tuttle et al., «The history and evolution of the US electricity industry», *White Paper UTEI/2016-05-2*, 2016, 1.; Galán Sosa, *La regulación del autoconsumo de energía eléctrica [Kindle Version]*, 29.

208   Sharon B. Jacobs, «The energy prosumer», *Ecology LQ* 43 (2016): 528.; Galán Sosa, *La regulación del autoconsumo de energía eléctrica [Kindle Version]*, 28.

209   Jacobs, «The energy prosumer», 529.

210   Galán Sosa, *La regulación del autoconsumo de energía eléctrica [Kindle Version]*, 72.; Jacobs, «The energy prosumer», 529.

211   van Soest, «The Prosumer in European Energy Law», 118.

212   Galán Sosa, *La regulación del autoconsumo de energía eléctrica [Kindle Version]*, 81.

la distancia entre el generador y consumidor de la electricidad.[213] Segundo el autoconsumo puede reducir los costes de los tiempos de los picos de demanda.[214] En el segundo, el reto es que los clientes activos generalmente en los tiempos de los picos de demanda consumen más que generan. Por ejemplo, en los hogares la generación se produce cuando el cliente activo no está en su casa.[215] Pero los clientes activos comerciales pueden aprovechar el autoconsumo ya que la generación ocurre por fotovoltaicas en los tiempos del trabajo cuando ellos necesitan la electricidad.[216]

Para el funcionamiento del sistema de electricidad, las autoridades deben saber quién va a generar la electricidad. Por eso para la generación de la electricidad se necesita una autorización, para controlar el sistema.[217] El artículo 8 de la directiva del mercado de la electricidad regula el procedimiento de autorización para nuevas instalaciones de generación. Según artículo 8(1) los Estados miembros adoptarán un procedimiento de autorización. La generación de la electricidad por los clientes activos también se regula bajo ese artículo. Pero para ellos el párrafo tres del artículo prevé algunas reglas distintas teniendo en cuenta su tamaño limitado e impacto.[218] Ese procedimiento no podrá constituirse en un obstáculo administrativo excesivo para los clientes activos. Por ejemplo, uno de los obstáculos que ha prohibido la directiva es que el procedimiento sea demasiado largo.[219] En conclusión, con estas obligaciones la directiva hizo más fácil el procedimiento de autorización de generación para los clientes activos.[220]

2.4.1.2. Vender la electricidad producida

En la UE, los clientes activos pueden vender la electricidad excedente o no usada a la red eléctrica.[221] En la última década con el desarrollo tecnológico ha subido el número de los clientes que producen electricidad. Pero el sistema de la electricidad tradicional no se ha diseñado para la generación de la electricidad distribuida.[222] Como se ha abordado en la sección anterior, los consumidores han empezado a generar su propia electricidad y usar esa electricidad en su consumo. Aparte de su consumo propio los consumidores también pueden almacenar o vender la electricidad.[223] Por la escasa o insuficiente capacidad de las baterías, muchas veces la única opción para los consumidores ha sido vender la electricidad generada.[224] Por eso los derechos de acceso a la red eléctrica y a los mercados de la electricidad son los más importantes derechos de los clientes activos para vender la electricidad excedente y proporcionar flexibilidad al sistema.[225]

Sin embargo, existen barreras legales y comerciales que incluyen, por ejemplo, tasas desproporcionadas para la electricidad consumida a nivel interno, obligaciones de alimentar el sistema energético con la electricidad autogenerada y cargas administrativas, como las necesidades de los consumidores que autogeneran electricidad y la venden a la red de cumplir los requisitos aplicables a los suministradores, etc. Deben eliminarse tales obstáculos, los cuales impiden a los consumidores autogenerar electricidad y consumir, almacenar o vender en el mercado la

---

213 Galán Sosa, 132.

214 Commission, 'Delivering a New Deal for Energy Consumers' (Communication) COM (2015) 339 final, página 6.

215 Šajn, «Electricity "Prosumers"», 3.; Galán Sosa, *La regulación del autoconsumo de energía eléctrica [Kindle Version]*, 74, 75, 91.

216 Šajn, «Electricity "Prosumers"», 4.

217 Kristina Horpestad Hansen, «Prosumers: In what ways does the Norwegian regulation of prosumers correspond to the current and future EU/EEA regulation and how can the Norwegian rules eventually be improved in order to promote prosumers?» (Master's Thesis, The University of Bergen, 2020), 25, 28.

218 Directive (EU) 2019/944 of the European Parliament and of the Council of 5 June 2019 on common rules for the internal market for electricity and amending Directive 2012/27/EU (recast) [2019] OJ L158/125, artículo 8(3).

219 Ibid, considerando 79.

220 Hansen, «Prosumers», 27, 29.

221 Directive (EU) 2019/944 of the European Parliament and of the Council of 5 June 2019 on common rules for the internal market for electricity and amending Directive 2012/27/EU (recast) [2019] OJ L158/125, artículo 15(2)(b).; Galán Sosa, *La regulación del autoconsumo de energía eléctrica [Kindle Version]*, 90.

222 Penttinen y Reins, «The integration of renewable energy sources in the EU electricity grid», 272.

223 Galán Sosa, *La regulación del autoconsumo de energía eléctrica [Kindle Version]*, 75.

224 Hansen, «Prosumers», 30.

225 CSERES, «The active energy consumer in EU law», 239.

electricidad autogenerada, si bien debe garantizarse que dichos consumidores contribuyan de forma adecuada a los costes del sistema. Los Estados miembros deben poder incluir en su normativa nacional distintas disposiciones reguladoras en lo que respecta a los impuestos y gravámenes para los clientes activos individualmente y para aquellos que actúan conjuntamente, así como para los hogares y otros clientes finales.[226]

El paquete Energía limpia para todos los europeos ha abordado esa tarea. La nueva directiva ha solucionado algunos problemas que tienen los clientes activos en la venta de la electricidad. La directiva ha mejorado el derecho de elegir proveedor. Ahora los consumidores no estarían obligados a elegir solo un suministrador sino que todos los clientes pueden tener más de un contrato de suministro de electricidad de forma simultánea.[227] Entonces a diferencia de antes los clientes activos ahora no están obligados a tener contrato solo con un suministrador que está dispuesto a comprar su electricidad sino que los clientes activos podrían tener un contrato con un suministrador para comprar la electricidad y un contrato con otro suministrador para vender la electricidad.[228]

Por otro lado, los clientes activos en algunos Estados miembros necesitaban licencia para comercializar la electricidad como los otros suministradores.[229] Entonces los clientes activos estaban limitados en la venta de la electricidad. Solo podían vender la electricidad que están generando a los suministradores con quien tenían contrato.[230] Con la nueva directiva esa situación ha cambiado y ahora los clientes activos tienen derecho a vender electricidad autogenerada mediante acuerdos de compraventa de energía.[231] Así los clientes activos ahora tendrán más incentivos para vender la electricidad excedente.

La remuneración de la electricidad generada también es importante para incentivar a los clientes activos.[232] Los clientes activos no siempre pueden ajustar su generación de acuerdo con su consumo. Muchas veces superan la generación.[233] En estos tiempos la remuneración de la electricidad que están generando es importante para no malgastar el potencial de la electricidad que podrían producir.[234] La remuneración no solo es importante para el funcionamiento del sistema sino también es importante para incentivar algunos consumidores que quieren tener un valor económico generando la electricidad.[235] Pero la remuneración no está regulada a nivel europeo. Así que los Estados miembros son libres para decidir determinarla.[236] Entonces los Estados miembros pueden incentivar más subiendo la remuneración.[237] Los clientes activos desde el principio han sido remunerados de manera diferente. Pero últimamente la remuneración generalmente está determinada según a los precios del mercado de la electricidad, mercado mayorista.[238]

La venta de electricidad a la red requiere una conexión bidireccional, que permita el flujo de electricidad en ambas direcciones. Sin embargo, las empresas de servicios públicos pueden resistirse a esta interacción,[239] ya que la compra de la electricidad de los clientes activos tiene algunas desventajas para distribuidores comparado con

---

226   Directive (EU) 2019/944 of the European Parliament and of the Council of 5 June 2019 on common rules for the internal market for electricity and amending Directive 2012/27/EU (recast) [2019] OJ L158/125, considerando 42.

227   Ibid, artículo 4.

228   Hansen, «Prosumers», 32.

229   Anna Butenko, «Sharing energy: dealing with regulatory disconnection in Dutch energy law», *European Journal of Risk Regulation* 7, n.º 4 (2016): 14.

230   Hansen, «Prosumers», 32.

231   Directive (EU) 2019/944 of the European Parliament and of the Council of 5 June 2019 on common rules for the internal market for electricity and amending Directive 2012/27/EU (recast) [2019] OJ L158/125, artículo 15(2)(b).

232   Galán Sosa, *La regulación del autoconsumo de energía eléctrica [Kindle Version]*, 91.

233   van Soest, «The Prosumer in European Energy Law», 118.

234   Roberts, «Prosumer rights», 32.

235   Kirsi Kotilainen, Pertti Järventausta, y Pami Aalto, «Prosumer centric co-creation in Smart Grid innovation ecosystem», en *2016 IEEE Innovative Smart Grid Technologies-Asia (ISGT-Asia)* (IEEE, 2016), 887.

236   Hansen, «Prosumers», 34.

237   Hansen, 35.

238   van Soest, «The Prosumer in European Energy Law», 118.

239   van Soest, 118.

otras fuentes por la intermitencia de la electricidad de las fuentes de la energía renovable e incertidumbres de las actividades de los hogares. Eso desincentiva a los distribuidores y los lleva a cometer algunas discriminaciones contra a los clientes activos. La directiva, para prevenir estas discriminaciones contra a los clientes activos (15(1) y también para compensar las dificultades que crean los clientes activos en el mercado (6(1)), (15(2)(e)), introduce algunas disposiciones.

La electricidad no se puede transportar como otras mercancías de un punto A otro punto B. En el transporte de la electricidad lo importante es el mantenimiento del equilibrio del sistema de redes. Entonces cada entrada al sistema tendrá consecuencias para el sistema.[240] Como la regla general todos los participantes a la red de la electricidad están responsables del equilibrio. Entonces clientes activos también tienen que compensar por la conexión y el acceso al sistema.

Los clientes activos como usuarios del sistema de electricidad tendrán que contribuir a la red eléctrica.[241] Hay dos tarifas que los clientes activos tendrán que pagar. La primera tarifa es "el pago para la conexión a la red (connection charge)" que se paga solo una vez, la otra tarifa es "el pago para el acceso (access charge – right to use) a la red de distribución".[242]

Los clientes activos tienen que pagar para la conexión a la red por una vez y antes de la conexión a la red. Esa tarifa está regulada en el artículo 6(1):

> "Los Estados miembros garantizarán la aplicación de un sistema de acceso de terceros a las redes de transporte y de distribución basado en tarifas publicadas, aplicables a todos los clientes de forma objetiva y no discriminatoria entre usuarios de la red ...."

El mantenimiento del funcionamiento de la red eléctrica es muy costoso. Los Gestores de Redes de Transmisión y los Gestores de Redes de Distribución están encargados de ese trabajo.[243] Normalmente los clientes activos ya están pagando un precio por su uso de la red de distribución. Aquí la cuestión es si ellos, cuando alimenten de electricidad al sistema, van a pagar un precio extra o no. Porque la alimentación de electricidad al sistema aumenta la carga en el sistema y puede causar congestión.[244] Según el artículo 15(2) los clientes activos también tienen que pagar para el acceso o uso de la red:

"[Clientes activos] estén sujetos a tarifas de acceso a la red que reflejen los costes, transparentes y no discriminatorias ..."

Para reflejar bien el coste que causan al sistema:"[Clientes activos] estén sujetos a tarifas de acceso a la red que .... tengan en cuenta separadamente la electricidad vertida a la red y la electricidad consumida de la red..."

Con esto la directiva prohíbe algunos tipos de mediciones[245] que promocionan mucho la venta de la electricidad por los clientes activos pero al mismo tiempo distorsionan el mercado.[246]

2.4.2. Cliente activo como un servicio de almacenamiento

Para la integración de la energía renovable en la red y la mitigación de la generación intermitente se necesita almacenamiento de electricidad. El almacenamiento de la electricidad va a jugar un papel crítico en la política

---

240 Hansen, «Prosumers», 36.

241 Galán Sosa, *La regulación del autoconsumo de energía eléctrica [Kindle Version]*, 81, 84, 135, 138.

242 Directive (EU) 2019/944 of the European Parliament and of the Council of 5 June 2019 on common rules for the internal market for electricity and amending Directive 2012/27/EU (recast) [2019] OJ L158/125, artículo 59(7)(a).; Martha Roggenkamp y Lea Diestelmeier, «EU climate law and energy network regulation», en *Essential EU climate law* (Edward Elgar Publishing, 2021), 213.

243 Hansen, «Prosumers», 40.

244 Hansen, 40.

245 Holger Schneidewindt, «Clean Energy Package: Magna Charta of Prosumer Rights», *Energy Democracy* (blog), accedido 30 de junio de 2024, https://energy-democracy.org/clean-energy-package-magna-charta-of- prosumer-rights/.

246 GAUTIER Axel, JACQMIN Julien, y POUDOU Jean-Christophe, «The prosumers and the grid» (Université catholique de Louvain, Center for Operations Research and ..., 2017), 1.; Galán Sosa, *La regulación del autoconsumo de energía eléctrica [Kindle Version]*, 93, 94, 95, 138.; «Council of European CEER Paper on Electricity Distribution Tariffs Supporting the Energy Transition», 29.

de la electricidad de la UE. Sin almacenamiento los objetivos de la política de energía de la UE no se podrían realizar.[247] Hoy en día hay diferentes métodos para almacenar la electricidad. La central hidroeléctrica de bombeo está dominando las tecnologías de almacenamiento en el mundo.[248] Pero gracias al descenso del coste de la tecnología[249], la tecnología de almacenamiento de la electricidad en baterías se está desarrollando y cada vez hay más baterías para almacenar la electricidad.[250] Las baterías son una muy buena manera para los clientes de almacenar electricidad. Pero antes del paquete Energía limpia para todos los europeos no existía un marco jurídico a nivel europeo para integrar el almacenamiento en las redes de distribución.[251]

El paquete Energía limpia para todos los europeos enfatiza el requisito de establecer sistemas avanzados de almacenamiento para asegurarse de un suministro estable de electricidad. Según el paquete, para apoyar la transición energética la UE debe impulsarse la incorporación de varios instrumentos de almacenamiento (químicos, electroquímicos, eléctricos, mecánicos y térmicos) en el sistema de electricidad a nivel doméstico, comercial y de red.[252] Para ese objetivo se han tomado algunas medidas.

Previamente a la nueva directiva del mercado de la electricidad, había dos cuestiones importantes en el marco jurídico del almacenamiento. En primer lugar, la ausencia de un marco jurídico comunitario causó diferentes normas sobre la propiedad y la separación del almacenamiento.[253] En segundo lugar, dado su carácter dual, el almacenamiento se consideraba tanto generación como consumo de electricidad, y se facturaba por las dos funciones por el uso de las redes de la electricidad.[254] Para enfrentarse a estos retos la directiva introdujo un nuevo marco legal para el almacenamiento de electricidad con la intención de facilitar la transición hacia la energía renovable.[255]

La directiva del mercado de la electricidad por primera vez[256] ha definido el almacenamiento de la energía:

> "«almacenamiento de energía»: en el sistema eléctrico, diferir el uso final de electricidad a un momento posterior a cuando fue generada, o la conversión de energía eléctrica en una forma de energía que se pueda almacenar, el almacenamiento de esa energía y la subsiguiente reconversión de dicha energía en energía eléctrica o su uso como otro vector energético;"[257]

Según la directiva hay tres maneras de almacenar la electricidad:

a) Diferir el uso final de electricidad a un momento posterior a cuando fue generada. Para eso podemos dar como ejemplo las baterías de los coches eléctricos.

---

247 Ian Varela Soares, Romain Mauger, y Thauan Santos, «Considerations for benefit stacking policies in the EU electricity storage market», *Energy Policy* 172 (2023): 1.

248 Penttinen y Reins, «The integration of renewable energy sources in the EU electricity grid», 276.; David Parra y Romain Mauger, «A new dawn for energy storage: An interdisciplinary legal and techno-economic analysis of the new EU legal framework», *Energy Policy* 171 (2022): 1.

249 Oliver Schmidt et al., «The future cost of electrical energy storage based on experience rates», *Nature Energy* 2, n.º 8 (2017): 5.; Penttinen y Reins, «The integration of renewable energy sources in the EU electricity grid», 276.

250 Marta Victoria et al., «The role of storage technologies throughout the decarbonisation of the sector-coupled European energy system», *Energy Conversion and Management* 201 (2019): 2.; Penttinen y Reins, «The integration of renewable energy sources in the EU electricity grid», 276.; Parra y Mauger, «A new dawn for energy storage», 1.

251 Roggenkamp y van Leeuwen, «Regulating Electricity Storage in the European Union», 164.; Penttinen y Reins, «The integration of renewable energy sources in the EU electricity grid», 276.

252 European Commission, Communication 'Accelerating Clean Energy Innovation', Brussels 30 November 2016, COM(2016), 763 final, página 13.; Roggenkamp y van Leeuwen, «Regulating Electricity Storage in the European Union», 168.

253 Penttinen y Reins, «The integration of renewable energy sources in the EU electricity grid», 276.; Parra y Mauger, «A new dawn for energy storage», 2.

254 Roggenkamp y van Leeuwen, «Regulating Electricity Storage in the European Union», 164.; Penttinen y Reins, «The integration of renewable energy sources in the EU electricity grid», 276.; Parra y Mauger, «A new dawn for energy storage», 2.

255 Parra y Mauger, «A new dawn for energy storage», 2.

256 Penttinen y Reins, «The integration of renewable energy sources in the EU electricity grid», 277.

257 Directive (EU) 2019/944 of the European Parliament and of the Council of 5 June 2019 on common rules for the internal market for electricity and amending Directive 2012/27/EU (recast) [2019] OJ L158/125, artículo 2(59).

b) La conversión de energía eléctrica en una forma de energía que se pueda almacenar, el almacenamiento de esa energía y la subsiguiente reconversión de dicha energía en energía eléctrica. Para eso podemos dar como ejemplo las centrales hidroeléctricas de bombeo.[258]

c) Uso como otro vector energético. Para eso podemos dar como ejemplo el hidrógeno.[259]

A los clientes activos le interesa más la opción 'a' ya que ellos no tendrán la opción de las centrales hidroeléctricas de bombeo o hidrogeno.

El almacenamiento de energía suele clasificarse como un activo de generación en los mercados eléctricos liberalizados, a pesar de no generar nueva electricidad y depender de los generadores para obtener ingresos. Esta clasificación supone un reto importante para el despliegue de los recursos de almacenamiento. Por ello, se está estudiando una nueva definición del almacenamiento de energía eléctrica que destaque su papel en el desplazamiento de la electricidad a lo largo del tiempo y lo diferencie de la generación, con el objetivo de eliminar diversos obstáculos al despliegue.[260]

El artículo 15(5) de la directiva del Mercado de la Electricidad aborda los problemas de los clientes activos que tengan almacenamientos. Aborda la cuestión del uso de tarifas dobles para el almacenamiento. Ordena que los clientes activos no estén sujetos a ninguna duplicación de gastos, incluidas las tarifas de acceso a la red, para la electricidad almacenada que permanezca en sus instalaciones o a la hora de prestar servicios de flexibilidad a los gestores de redes.[261] Sin embargo, esta cláusula se refiere únicamente a las tarifas de red, y la cuestión de la posible doble imposición (taxation) sigue sin resolverse.[262]

La nueva Directiva sobre el mercado de la electricidad incluye normas sobre la propiedad del almacenamiento de la electricidad, por regla general restringiendo las funciones de los gestores de redes. El artículo 36 prohíbe a los gestores de redes de distribución poseer, desarrollar, gestionar o explotar instalaciones de almacenamiento de la electricidad.[263] Del mismo modo, el artículo 54 impide a los gestores de redes de transporte poseer, gestionar u operar instalaciones de almacenamiento de la electricidad y controlar directa o indirectamente los activos que prestan servicios auxiliares.[264] En consecuencia, el almacenamiento de la electricidad dependerá de la voluntad de los actores del mercado.[265] Sin embargo, la directiva indica que el legislador de la UE no anticipa que se lleven a cabo estas iniciativas.[266] En consecuencia, la directiva permite a los gestores de redes de distribución (GRD) y a los GRT desarrollar instalaciones de almacenamiento de energía eléctrica si ninguna otra parte manifiesta su interés a través de un proceso de licitación abierto y transparente. Además, dichas instalaciones deben ser necesarias para que los sistemas de distribución y transmisión funcionen de manera eficiente, fiable y segura.[267]

---

258   Galán Sosa, *La regulación del autoconsumo de energía eléctrica [Kindle Version]*, 67.

259   Ruven Fleming y Gijs Kreeft, «Power-to-Gas and hydrogen for energy storage under EU energy law», en *European Energy Law Report* (Intersentia, 2020), 108.

260   Giorgio Castagneto Gissey, Paul E. Dodds, y Jonathan Radcliffe, «Market and regulatory barriers to electrical energy storage innovation», *Renewable and Sustainable Energy Reviews* 82 (2018): 788.

261   Directive (EU) 2019/944 of the European Parliament and of the Council of 5 June 2019 on common rules for the internal market for electricity and amending Directive 2012/27/EU (recast) [2019] OJ L158/125, artículo 15(5)(b).

262   Commission, 'on the evaluation of Council Directive 2003/96/EC of 27 October 2003 Restructuring the Community framework for the taxation of energy products and electricity' (Commission Staff Working Document) SWD(2019) 329, página 36.; «EASE reply to the European Commission Public Consultation on the revision of the Energy Taxation Directive (ETD)» (Brussels: European Association for Storage of Energy, octubre de 2020), 3, 4, 5.

263   Directive (EU) 2019/944 of the European Parliament and of the Council of 5 June 2019 on common rules for the internal market for electricity and amending Directive 2012/27/EU (recast) [2019] OJ L158/125, artículo 36.

264   Ibid, artículo 54.

265   Roggenkamp y van Leeuwen, «Regulating Electricity Storage in the European Union», 169.

266   Roggenkamp y van Leeuwen, 169.

267   Directive (EU) 2019/944 of the European Parliament and of the Council of 5 June 2019 on common rules for the internal market for electricity and amending Directive 2012/27/EU (recast) [2019] OJ L158/125, artículos 36(2), 54(2).

La Directiva del mercado de la electricidad establece que el almacenamiento de electricidad puede considerarse un servicio auxiliar,[268] que deben ofrecer los gestores de redes de transporte para garantizar un sistema eléctrico seguro, fiable y eficiente, dentro de su responsabilidad de gestionar los flujos de electricidad y asegurarse la disponibilidad de los servicios auxiliares necesarios.[269] Además, los gestores de redes de transporte deben establecer procedimientos transparentes y eficaces para la conexión no discriminatoria de las instalaciones de almacenamiento de energía a la red de transporte.[270]

El almacenamiento de la electricidad no ha sido una vía viable hasta hace poco. Pero con el desarrollo de la tecnología el potencial del almacenamiento se ha desarrollado y va a jugar un importante papel en el equilibrio del sistema de la electricidad. Ahora para los clientes activos es posible almacenar la electricidad. El almacenamiento de la electricidad tiene dos funciones. Por un lado, con la alimentación de la electricidad al sistema tiene una función como la de los generadores y, por otro lado, con la reducción de la demanda tiene una función como la del servicio de electricidad. Pero en realidad solo hay un desplazamiento de la electricidad generada. Con almacenamiento no se genera y se baja la demanda de la electricidad.[271]

La batería de los coches eléctricos no solo se va a usar en los coches sino también para alimentar de electricidad al sistema.[272] Los coches eléctricos pueden almacenar y alimentar la electricidad cuando están aparcados.[273] La tecnología de "vehículo a red" (vehicle to grid – V2G) podría ampliar aún más el papel de los clientes en el mercado de la electricidad. Esta tecnología hace posible a los vehículos conectarse directamente a la red. Las baterías de los coches V2G pueden utilizarse como instrumentos de almacenamiento en red.[274]

2.4.3. Cliente activo como un servicio de flexibilidad

Aparte de la generación de la electricidad los clientes activos también pueden funcionar como un servicio de flexibilidad participando en planes de flexibilidad o de eficiencia energética.[275] Estos conceptos son directamente relacionados, pero todavía hay matices entre ellos. La directiva también acepta la diferencia entre ellos por eso define dos diferentes conceptos. Pero el carácter común entre ellos los dos están relacionados con el consumo de la electricidad de los clientes activos. Mientras planes de la eficiencia energética esta liado con la reducción del consumo general de la electricidad, planes de flexibilidad esta liado más con la reducción del consumo en las horas de demanda máxima desplazando el consumo a otras horas cuando la demanda esta baja.

El creciente uso de energías renovables hace más evidentes sus rasgos característicos.[276] Una de estas características emergentes de las energías renovables son las fluctuaciones del precio de la electricidad. A medida que aumente la cuota de energías renovables, será inevitable que las fluctuaciones de precios debidas a las cambiantes condiciones meteorológicas sean más graves. Entonces la flexibilidad de la generación de la electricidad cada vez es menos. Por eso la flexibilidad de demanda de la electricidad tendrá más importancia. En el mercado de la electricidad ideal los consumidores reaccionarán a los precios de la electricidad del mismo modo que reaccionan a las variaciones de precios de otros bienes. Por ejemplo, los consumidores pondrán en marcha sus lavadoras en un día soleado cuando

268 Roggenkamp y van Leeuwen, «Regulating Electricity Storage in the European Union», 169.

269 Directive (EU) 2019/944 of the European Parliament and of the Council of 5 June 2019 on common rules for the internal market for electricity and amending Directive 2012/27/EU (recast) [2019] OJ L158/125, artículo 40.

270 Ibid, artículo 42.

271 van Soest, «The Prosumer in European Energy Law», 117.

272 Directive (EU) 2019/944 of the European Parliament and of the Council of 5 June 2019 on common rules for the internal market for electricity and amending Directive 2012/27/EU (recast) [2019] OJ L158/125, considerando 41, 42.

273 Willett Kempton y Jasna Tomić, «Vehicle-to-grid power fundamentals: Calculating capacity and net revenue», *Journal of power sources* 144, n.º 1 (2005): 268.

274 Jacobs, «The energy prosumer», 530.

275 Jacobs, 533; Elazarova, «Where is the EU steering the Electricity Market? A Comparison between the Third and Fourth Electricity Directives», 27.

276 Elazarova, «Where is the EU steering the Electricity Market? A Comparison between the Third and Fourth Electricity Directives», 27.

los precios de la electricidad sean baratos.[277] Otro ejemplo es baterías de coches eléctricos. Con la aumenta de los coches eléctricos las baterías serán una carga importante para red eléctrica. Así que los consumidores estarán incentivados a cargar las baterías de sus coches cuando el coste de la electricidad sea menor.[278]

Un cliente activo como un servicio de flexibilidad puede participar en todos los mercados de electricidad proporcionando flexibilidad al sistema. Hay dos maneras para realizar esa tarea: participando en los sistemas de eficiencia energética y a través de la respuesta de la demanda.

2.4.3.1. La participación en los sistemas de eficiencia energética

El concepto de eficiencia energética es diferente que el concepto de respuesta de la demanda. Respuesta de la demanda según los precios de la electricidad o los incentivos del mercado no necesariamente va a llevar a la reducción del consumo de la electricidad. Está intentando tener en cuenta el horario del consumo y tiene más objetivos económicos. Pero al contrario, los programas de eficiencia energética buscan reducir el consumo de la electricidad general independientemente del horario del consumo. Los precios, que muestran el valor de la electricidad, van a usarse para incentivar el ahorro de electricidad y van a tener efectos indirectos, pero el objetivo principal es el desplazamiento del horario del consumo de la electricidad a un tiempo en el que los precios estén más bajos.[279]

La eficiencia de la energía ha sido una importante política de la Unión en energía desde los años de la crisis del petróleo de los años 70.[280] Al no tener tantos conflictos de intereses como la generación de la energía,[281] la política de eficiencia energética se puede considerar una política común de la UE desde hace muchos años.

La nueva directiva de la eficiencia energética considera la eficiencia energética como una fuente de energía. Así que da la responsabilidad a la Comisión del establecimiento de las condiciones justas para la eficiencia energética y la respuesta de la demanda con la generación de la electricidad.[282] Para fomentar la eficiencia energética en otros ámbitos de la energía la directiva introdujo el principio "primero, la eficiencia energética".[283] Según ese principio en las decisiones de la política de energía la eficiencia energética y la respuesta de la demanda se tendrán plenamente en cuenta.[284] Así que la eficiencia energética ahora no es un fenómeno técnico sino también es un fenómeno político y jurídico.

La ventaja de la eficiencia energética es que no tiene necesidad de instalación de mediciones inteligentes, almacenamientos o un instrumento para generación.[285] Por eso para los clientes activos es un instrumento más factible que otros instrumentos

En la nueva directiva los clientes activos tienen derecho a participar en programas de eficiencia energética.[286] La directiva del mercado eléctrico no explica cuáles son los programas. Pero alguno de ellos podría ser:

---

277   R. A. Verzijlbergh et al., «Institutional challenges caused by the integration of renewable energy sources in the European electricity sector», *Renewable and Sustainable Energy Reviews* 75 (2017): 665.

278   Directive (EU) 2019/944 of the European Parliament and of the Council of 5 June 2019 on common rules for the internal market for electricity and amending Directive 2012/27/EU (recast) [2019] OJ L158/125, considerando 42.

279   «The Power To Choose - Demand Response in Liberalised Electricity Markets», 56.; Jacobs, «The energy prosumer», 531.

280   Commission, 'Community energy policy: Objectives for 1985' (Communication) COM (74) 27 final, página 8.; B. Machado, M. F. Castro, y L. Bragança, «European Union legislation for demand-side management and public policies for demand response», en *IOP Conference Series: Earth and Environmental Science*, vol. 225 (IOP Publishing, 2019), 4.

281   Yael Parag, «Beyond energy efficiency: A 'prosumer market'as an integrated platform for consumer engagement with the energy system», *Eur. Counc. Energy Effic. Econ. Summer Study* 1 (2015): 16.

282   Directiva (UE) 2018/2002 del Parlamento Europeo y del Consejo, de 11 de diciembre de 2018, por la que se modifica la Directiva 2012/27/UE relativa a la eficiencia energética, considerando 2.

283   Ibid, artículo 1(1).

284   Reglamento (UE) 2018/1999 del Parlamento Europeo y del Consejo, de 11 de diciembre de 2018, sobre la gobernanza de la Unión de la Energía y de la Acción por el Clima, artículo 2(18).

285   van Soest, «The Prosumer in European Energy Law», 115.

286   Directive (EU) 2019/944 of the European Parliament and of the Council of 5 June 2019 on common rules for the internal market for electricity and amending Directive 2012/27/EU (recast) [2019] OJ L158/125, artículo 15(2)(c).

"   Mejoras de la eficiencia energética

-Rehabilitación energética de edificios, incluida la sustitución de ventanas y puertas, y la sustitución de electrodomésticos ineficientes energéticamente por otros más eficientes.

-Aplicación de medidas de eficiencia energética de bajo coste, incluido el asesoramiento energético

-Instalación de medidas de eficiencia energética sencillas y de bajo coste, como ventanas y puertas a prueba de corrientes de aire e iluminación LED.

-Realización de auditorías energéticas sencillas y suministro de información sobre el uso racional y eficiente de la energía."[287]

Estos programas podrían estar enfocadas en la reducción del consumo de los hogares. El efecto de estos programas se produce con el paso del tiempo.[288]

2.4.3.2. La participación en la respuesta de la demanda

Aunque el mecanismo de respuesta de la demanda se tratará en detalle en la próxima sección, se mencionará brevemente aquí. Los clientes activos también pueden participar en el mercado de la electricidad por el mecanismo de la respuesta de la demanda (con la terminología de la directiva 'programas de flexibilidad'[289]). El almacenamiento de la electricidad es todavía caro. Por eso el precio de la electricidad en el mercado de la electricidad es muy fluctuante. Entre día y noche, días de la semana y los fines de semana hay diferencia en los precios. Sin embargo, a la mayoría de los clientes todavía se les cobra el precio de la electricidad con un precio de promedio que no refleja los precios reales del mercado mayorista en el momento del consumo.[290] Aunque el precio de la electricidad es caro en el tiempo de la demanda máxima en el mercado mayorista, los consumidores no están expuestos a los precios reales en el mercado minorista. Por eso los clientes finales no tienen un incentivo para cambiar su consumo según la situación de los mercados de la electricidad.

La respuesta de la demanda está relacionada con el problema de la demanda máxima (peak demand) del mercado de la electricidad. En esta situación la demanda es tan alta que la generación no es suficiente o es muy cara para satisfacerla. Esta situación podría causar dos problemas. En el primer escenario no hay suficiente capacidad temporalmente para satisfacer la demanda y con este mecanismo la demanda se bajaría con un incentivo y mantendría la balanza otra vez. En el segundo escenario hay suficiente capacidad para la demanda, pero la generación temporalmente es muy cara. Con el mecanismo de la respuesta de la demanda se baja la demanda y también los precios. De hecho, con este mecanismo no baja el consumo de la electricidad sino se desplaza el tiempo del consumo cuando la electricidad es más disponible y barata.[291]

La respuesta de la demanda se puede definir como:

"La respuesta a la demanda es una tarifa o programa establecido para motivar cambios en el uso de electricidad por parte de los clientes finales en respuesta a cambios en el precio de la electricidad a lo largo del tiempo, o para otorgar pagos de incentivos diseñados para inducir un menor uso de electricidad en momentos en que los precios del mercado son altos o cuando la confiabilidad de la red está en peligro."[292]

El mecanismo de la respuesta de la demanda no es un mecanismo nuevo. Se usa en las situaciones emergencias frente al peligro del apagón. Los participantes de ese mecanismo eran limitados. Solo las empresas grandes podían participar reduciendo su uso de manera manual. Poco a poco ese mecanismo se ha automatizado para empresas industriales y comerciales y nuevos participantes como los hogares empezaron a participar. La participación de

---

287   Energy Community Secretariat, 'Policy Guidelines on identifying and addressing energy poverty in the Energy Community Contracting Parties' PG 02/2022 / 29 Aug 2022, página 12.

288   Ibid, página 11.

289   Directive (EU) 2019/944 of the European Parliament and of the Council of 5 June 2019 on common rules for the internal market for electricity and amending Directive 2012/27/EU (recast) [2019] OJ L158/125, artículo 15(2)(c).

290   Hunt Allcott, «Rethinking real-time electricity pricing», *Resource and energy economics* 33, n.º 4 (2011): 820.

291   van Soest, «The Prosumer in European Energy Law», 116.

292   U.S. Department of Energy, «Benefits of demand response in electricity markets and recommendations for achieving them», *US Dept. Energy, Washington, DC, USA, Tech. Rep* 2006 (2006): v.

ese instrumento está aumentando cada vez a nivel hogares con la ayuda de los agregadores. La demanda de una empresa de industria o comercial es más grande que una casa. Eso facilita su participación. Pero la demanda de los hogares tiene un carácter granular. Por eso necesita mecanismos como agregadores que agregan la demanda de los hogares.[293] Los agregadores han hecho posible la participación de la demanda con el carácter granular de los hogares en el mercado mayorista y minorista de la electricidad.[294]

En este capítulo se ha abordado el nuevo marco jurídico de los mercados de la electricidad. El nuevo marco jurídico permite y facilita la participación de los consumidores en los mercados. Los clientes activos pueden participar en el mercado vendiendo, almacenando o manejando su consumo de electricidad. En el siguiente capítulo se va a abordar una de las funciones de los clientes activos en el mercado de la electricidad. Esa función se llama la respuesta de la demanda.

3. La respuesta de la demanda

En este capítulo se va a abordar la respuesta de la demanda. Con la respuesta de la demanda los clientes activos pueden participar en los mercados de la electricidad de manera más activa respondiendo a la señal del precio de red. Hay mecanismos de respuesta de la demanda a nivel de mercado mayorista y mercado minorista.[295] Así que tanto como la industria [296] o grandes empresas comerciales como los hogares pueden participar en este mecanismo.[297]

3.1. Introducción

El término de la respuesta de la demanda en realidad no es un fenómeno nuevo o complicado. Pero su aplicación nunca ha sido tan importante como hoy y en el futuro del mercado eléctrico. Hay dos cambios que han aumentado y siguen aumentando la necesidad de ese mecanismo.

El primer cambio es la estructura de los mercados de la electricidad en Europa. Como se ha abordado en el primer capítulo en los años 80 los Estados miembros ni siquiera tenían un mercado de la electricidad nacional.[298] Todo sistema de electricidad pertenecía al Estado o cuando había empresas privadas (por ejemplo, en España siempre han sido empresas privadas[299]) todavía el Estado regulaba todo. El Estado generaba, transmitía y distribuía la electricidad a los consumidores. Incluso usar el término "cliente" ha sido raro. Porque el negocio de la electricidad no se veía como un negocio de cualquier mercancía. No se aplicaba la lógica de oferta y demanda (law of supply and demand) al mercado de la electricidad. Pero ahora hay un mercado interior de la electricidad más liberalizado que antes y cada vez hay más empresas privadas. Así que con ese desarrollo el mercado interior de la electricidad cada vez se ve como un mercado de cualquier otra mercancía y cada vez se aplicará más la lógica de oferta y demanda.

El segundo cambio es el aumento de la energía renovable en Europa. Como se ha abordado en el segundo capítulo la energía renovable (paneles solares y turbinas eólicas) tiene diferentes características. La primera característica

293   van Soest, «The Prosumer in European Energy Law», 116.; Sharon B. Jacobs, «Bypassing federalism and the administrative law of negawatts», *Iowa L. Rev.* 100 (2015): 899, 900.

294   Sharon B. Jacobs, «Bypassing federalism and the administrative law of negawatts», *Iowa L. Rev.* 100 (2015): 899, 900.

295   Jacobs, «The energy prosumer», 531.

296   Sami Repo et al., «Toward smarter and more flexible grids», en *Electrification* (Elsevier, 2021), 132.

297   Baxter Williams et al., «Demand side management in industrial, commercial, and residential sectors: a review of constraints and considerations», *Energies* 16, n.° 13 (2023): 1.

298   Meeus y Reif, «Why did we start with electricity markets in Europe?», 2.; Honkapuro, Jaanto, y Annala, «A Systematic Review of European Electricity Market Design Options», 1.

299   «El Sector Eléctrico a Través de UNESA (1944-2004)» (Madrid: Asociación Española de la Industria Eléctrica, 2005), 60.

es que la energía renovable es una energía intermitente por eso la electricidad, por las condiciones del clima, no se puede generar cuando es necesario, se puede generar cuando el clima lo permita. Hay un dicho que explica muy bien esa característica: "el sol no siempre brilla, el viento no siempre sopla".[300] La segunda característica está relacionado con la primera característica. La energía renovable no es confiable para mantener el equilibrio del sistema de la electricidad. Ese término es más complicado y difícil de entender para los juristas. Pero aquí basta mencionar que en el sistema de electricidad se necesita mantener la frecuencia constantemente. Para el continente europeo esa frecuencia es de 50 Hz.[301] Si no se puede mantener esa frecuencia dentro de un determinado límite entonces todo el sistema colapsa y habrá un corte.[302] Mantener la frecuencia en un sistema donde el porcentaje de la energía renovable es alto es más difícil que en un sistema donde el porcentaje de las centrales térmicas o hidroeléctricas es más alto por razones técnicas.[303]

En un mercado con cada vez más cantidad de energía renovable las características de energía renovable se notarán de manera más fuerte. El mecanismo de la respuesta de la demanda puede ser (también se considera por la Comisión) como un mecanismo para lidiar con las características negativas que se han mencionado brevemente anteriormente. Así que en este capítulo se abordará primero la lógica detrás de la respuesta de la demanda con más detalle. Porque para entender las disposiciones de la Directiva o el Reglamento del mercado de la electricidad se necesita tener un conocimiento técnico básico. Segundo se abordará la definición y los tipos de respuesta de la demanda en la directiva del mercado de la electricidad de la UE. Hay diferentes tipos de mecanismos de respuesta de la demanda pero la directiva no favorece a todos. Tercero se van a abordar los agregadores. El agregador es un nuevo actor del mercado que facilita la participación de los consumidores con un consumo pequeño como los hogares en los mercados. Cuarto y último se abordarán los retos legales de la respuesta de la demanda en la UE. Como un nuevo mecanismo para mercados de la electricidad todavía hay muchos retos para la participación de los clientes activos en este mecanismo.

3.2. La lógica detrás de la respuesta de la demanda

La política de la UE en energía está basada en la electrificación.[304] Se va a electrificar todo lo que se pueda y se va a usar energía renovable. Se van a usar paneles solares o turbinas eólicas para suministrar la electricidad y para la generación del hidrogeno verde. Hidrogeno verde que se puede considerar como almacenamiento de la electricidad y se va a usar en los sectores donde hay intensificación del consumo de la electricidad o sea donde se usa la electricidad en gran intensidad y cantidad. De hecho ya estamos experimentando la electrificación en nuestra vida cotidiana. Ahora en los edificios públicos se usan bombas de calor (heat pump) para la calefacción y refrigeración (heating and cooling) y en casi todas las casas hay cocinas eléctricas. Pero hasta hace poco tiempo para los dos se usaba gas natural en vez de electricidad. Así que el consumo de la electricidad está subiendo.

Contra ese incremento de la electricidad hay dos opciones: se puede aumentar la generación de electricidad poniendo paneles solares y turbinas eólicas para suministrar suficiente electricidad incluso en demanda máxima (peak hours) o se puede aumentar la flexibilidad de la demanda creando un mercado eléctrico donde los consumidores reaccionan a los precios dinámicos o a los incentivos que les den a cambio de reducir, cambiar o

300 Geoffrey Heal, «The economics of renewable energy», 2009, 11.; Geoffrey Heal, «Reflections—The Economics of Renewable Energy in the United States», *Review of Environmental Economics and Policy* 4, n.º 1 (1 de enero de 2010): 144.; Ken Martens Friesen, «" When the sun don't shine and the wind don't blow": solving the intermittency problem and moving to a zero carbon future», 2021, 14.

301 Leonardo Meeus y Valerie Reif, «How to organize system operation and connection requirements?», en *The Evolution of Electricity Markets in Europe* (Edward Elgar Publishing, 2020), 112.

302 Leonardo Meeus y Tim Schittekatte, «How to calculate border trade constraints?», en *The Evolution of Electricity Markets in Europe* (Edward Elgar Publishing, 2020), 49.

303 Antonello Gaviano, Karl Weber, y Christian Dirmeier, «Challenges and integration of PV and wind energy facilities from a smart grid point of view», *Energy Procedia* 25 (2012): 119.

304 Pami Aalto et al., «Introduction: electrification and the energy transition», en *Electrification* (Elsevier, 2021), 3.; Sirja-Leena Penttinen et al., «Electrification and energy efficiency in buildings: Policy implications and intractions», en *Electrification* (Elsevier, 2021), 180.; Repo et al., «Toward smarter and more flexible grids», 127.

aumentar su consumo de electricidad. De hecho se van a aplicar las dos opciones se va a aumentar la generación de la energía renovable y se va a aumentar la flexibilidad de la demanda. Pero la primera opción es costosa y ocupa mucho sitio mientras la segunda opción se necesita un cambio en las pautas del consumo de los consumidores.

Una persona puede pensar que por qué no ponen paneles solares o turbinas eólicas en todos los sitios y aumentan la generación. Como se abordó en la introducción de este capítulo por las características de estas fuentes esa idea no es razonable y económico con la tecnología que tenemos.[305] Pero aumentar la flexibilidad tiene un potencial sin explotar. Según el Director General de Clima Kurt Vandenberghe si todo el mundo hubiera consumido tanto energía como los daneses habríamos debido tener cuatro planetas para suministrar la energía necesaria refiriendo a la importancia del manejo de la demanda.[306] Así que aprovechar de esa potencia podría ser más económico y eficiente para la transición energético.

3.3. La definición y los tipos de la respuesta de la demanda

Con la directiva 2019/944 la definición de la respuesta de la demanda se incluyó por primera vez en la legislación europea:[307]

«respuesta de la demanda»: el cambio de consumo de electricidad por parte de los clientes finales, respecto de sus pautas (pattern) de consumo normales o actuales como respuesta a las señales del mercado, incluidos aquellos en respuesta a los precios cronovariables [time-variable] de la electricidad o los pagos de incentivos, o como respuesta a la aceptación de la oferta de los clientes finales para vender una reducción o un incremento de la demanda a un precio en un mercado organizado tal como se define en el artículo 2, punto 4, del Reglamento de Ejecución (UE) n.o 1348/2014 de la Comisión, bien individualmente o mediante agregación;[308]

Según la directiva, los clientes finales pueden participar en la respuesta de la demanda. Los clientes finales pueden participar individualmente o mediante agregación. Todos los tipos de clientes, por ejemplo clientes industriales, comerciales y domésticos pueden participar en la respuesta de la demanda.[309]

Hay dos maneras de participación en ese mecanismo. La primera manera es por los precios cronovariables la otra manera es por los pagos de incentivos.[310] Con "los precios cronovariables" se refiere a los programas basados en precios y con "los precios de incentivos" se refiere programas basados en incentivos.[311] A continuación las dos maneras se van a abordar en detalle.

3.3.1. Programas basados en precios

También se puede denominar como "respuesta de la demanda implícita".[312] Normalmente en los mercados de la electricidad los precios no reflejan exactamente los precios de la electricidad del mercado mayorista. Generalmente los precios son un promedio de un consumo general de la electricidad. Por eso los mercados no son flexibles. Los

---

305   Repo et al., «Toward smarter and more flexible grids», 133.

306   Annual Conference of the IBERDROLA Energy and Climate Chair, 'The future of EU energy and climate policies', From 09:30 till 12:40, E Dijver 9 8000 Bruges Belgium Dijver, Bruges campus.

307   «smartEn Monitoring Report: The Implementation of the Electricity Market Design to Drive Demand-Side Flexibility - smartEn», 10.

308   Directive (EU) 2019/944 of the European Parliament and of the Council of 5 June 2019 on common rules for the internal market for electricity and amending Directive 2012/27/EU (recast) [2019] OJ L158/125, artículo 2(20).

309   Directive (EU) 2019/944 of the European Parliament and of the Council of 5 June 2019 on common rules for the internal market for electricity and amending Directive 2012/27/EU (recast) [2019] OJ L158/125, considerando 38.

310   Ibid, artículo 2(20).

311   Mohamed H. Albadi y Ehab F. El-Saadany, «Demand response in electricity markets: An overview», en *2007 IEEE power engineering society general meeting* (IEEE, 2007), 2.; Kai Ma et al., «Residential power scheduling for demand response in smart grid», *International Journal of Electrical Power & Energy Systems* 78 (2016): 320.

312   ENTSO-E, 'European Resource Adequacy Assessment 2023 Edition ERAA 2023 Edition Annex 5' (Definitions & Glossary), página 1.

consumidores al no estar expuestos a los precios dinámicos o a los precios de la producción, no tienen un incentivo de reducir el consumo, o sea apagar la luz. Pero con los precios cronovariables los consumidores van a estar más dispuestos a la reducción del consumo o sea apagar la luz en los tiempos de la demanda máxima.[313]

Para la participación de los clientes activos hay dos requisitos: medición inteligente y contrato con precios dinámicos. Primero los clientes dispondrán de sistemas de contadores inteligentes para participar activamente en el mercado de la electricidad. Sin embargo, la implantación de contadores inteligentes no es obligatoria para los Estados miembros. Los Estados miembros podrán supeditar la implantación a una evaluación de costes y beneficios.[314] Los contadores de los consumidores que no tienen un contador inteligente y tienen un contador tradicional deben organizarse de forma que midan su consumo real y les permitan leerlo fácilmente con una interfaz en línea adecuada.[315] La justificación de la Comisión para esta práctica es que conseguirá mejoras al conocer el uso de los clientes con contadores inteligentes, pero la exactitud de este razonamiento es cuestionable.[316]

Segundo, los Estados miembros velarán por que los proveedores ofrezcan contratos de precios dinámicos.[317] Estos contratos reflejarán las variaciones de precios en los mercados al contado, diario e intradiario según los intervalos de frecuencia de liquidación del mercado.[318] En muchos Estados miembros, los consumidores tienen pocos o ningún incentivo para variar su consumo en función de los distintos precios del mercado, ya que los precios en tiempo real no se transmiten al consumidor.[319] Al permitir a los consumidores controlar su consumo de electricidad mediante contadores inteligentes y, al mismo tiempo, facturar la electricidad en forma de contratos de precios dinámicos, se pretende cambiar sus hábitos de consumo y hacer realidad uno de los objetivos de transición energética de la UE.[320] Los clientes finales que tengan instalado un contador inteligente pueden solicitar la firma de un contrato de precio dinámico de la electricidad.[321] Si no existiera tal contrato, no tendría lógica utilizar un contador inteligente, ya que no habría cambio de factura mensual.[322]

El precio de la electricidad en los mercados eléctricos se fija por orden de mérito. Con ese método los precios se fijan ordenando las ofertas de los proveedores según el coste marginal ascendente. Pero a todos los proveedores que están en el orden merito se le paga el precio de la electricidad de la última oferta. Ese precio se llama precio de compensación del mercado es decir, el precio al contado de la electricidad.[323] Por no tener casi ningún coste de producción las energías renovables están en la primera línea de ese orden. En la última fila generalmente están los combustibles fósiles. Por eso con el aumento de la energía renovable ahora hay más fluctuaciones. Por ejemplo en un fin de semana cuando hay sol y viento el precio de la electricidad es casi gratis[324] porque en los fines de semana la industria no trabaja y con el sol y el viento hay suficiente energía renovable para todo el mundo. Pero en una noche

---

313 U.S. Department of Energy, «Benefits of demand response in electricity markets and recommendations for achieving them», 70.

314 Directive (EU) 2019/944 of the European Parliament and of the Council of 5 June 2019 on common rules for the internal market for electricity and amending Directive 2012/27/EU (recast) [2019] OJ L158/125, artículo 19(2).

315 Directive (EU) 2019/944 of the European Parliament and of the Council of 5 June 2019 on common rules for the internal market for electricity and amending Directive 2012/27/EU (recast) [2019] OJ L158/125, artículo 22.

316 Chris Foulds, Rosalyn AV Robison, y Rachel Macrorie, «Energy monitoring as a practice: Investigating use of the iMeasure online energy feedback tool», *Energy Policy* 104 (2017): 195.

317 Directive (EU) 2019/944 of the European Parliament and of the Council of 5 June 2019 on common rules for the internal market for electricity and amending Directive 2012/27/EU (recast) [2019] OJ L158/125, artículo 11(1).

318 Ibid, considerando 15.

319 Commission, 'Proposal for a Directive of the European Parliament and of the Council on common rules for the internal market in electricity (recast)' COM(2016) 864 final, página 5.

320 Elazarova, «Where is the EU steering the Electricity Market? A Comparison between the Third and Fourth Electricity Directives», 33.

321 Directive (EU) 2019/944 of the European Parliament and of the Council of 5 June 2019 on common rules for the internal market for electricity and amending Directive 2012/27/EU (recast) [2019] OJ L158/125, artículo 11(1).

322 Elazarova, «Where is the EU steering the Electricity Market? A Comparison between the Third and Fourth Electricity Directives», 34.

323 Rapid Response Energy Brief, «Quantifying the" merit-order" effect in European electricity markets», 2015, 3.

324 «Electricidad: luz gratis este sábado, pero con el IVA al 21%»:, accedido 30 de junio de 2024, https://www.elindependiente.com/economia/2024/03/02/luz-gratis-este-sabado-pero-con-el-iva-al-21-la- paradoja-de-los-proximos-meses-en-la-factura/.; «El precio de la luz de hoy (o mañana) sábado 20 de abril vuelve a ser gratis 8 horas | Las Provincias», accedido 30 de junio de 2024, https://www.lasprovincias.es/economia/precio-luz-sabado-horas-20240419155356-nt.html.

cuando hay un importante partido de futbol o en una semana santa el consumo aumenta de manera extraordinaria y los precios también aumentan. Porque por la noche no se puede aprovechar del sol y por eso no hay suficiente energía renovable para toda la demanda. Así que también se empieza a suministrar la electricidad de una central térmica usando gas, carbón o nuclear y si el precio del gas es alto (como los Estados miembros han experimentado en los últimos años) entonces el precio de la electricidad también será alto porque a todos los proveedores se les paga el precio de la electricidad de la central térmica de gas.

En la Directiva en la definición del cliente activo se usa el termino *los precios cronovariables*. Los precios cronovariables incluye diferentes tipos de fijación de los precios.[325] Pero entre ellos los precios dinámicos se promociona por la directiva.[326] Por eso en este trabajo solo se va a abordar los precios dinámicos en el marco de los programas basados en precios.

La directiva da la definición del contrato con precios dinámicos de electricidad. Según la definición ese contrato *refleja la variación del precio en los mercados al contado.*[327] Después el artículo 11 introduce la obligación a los Estados miembros de velar por que los clientes finales tengan derecho a elegir un contrato de precios dinámicos. Hay dos requisitos para la participación de los clientes finales en ese programa. Primero, los clientes finales tienen que tener un contador inteligente y segundo, los suministradores tienen que tener al menos 200.000 clientes finales.[328]

Entonces el objetivo de la UE es reflejar los precios reales a los clientes. Eso se va a realizar con los contratos de precios dinámicos. Los precios cronovariables van a incentivar a los clientes a la reducción de su consumo en los tiempos de la demanda máxima.

3.3.2. Programas basados en incentivos

También se puede denominar como "respuesta a la demanda explícita".[329] Programas basados en incentivos tienen dos funciones en el mercado. En la primera función los clientes activos pueden participar en el mercado de los servicios auxiliares y en la segunda función los clientes activos pueden participar en el mercado mayorista.[330]

El sistema de electricidad también tiene su límite. En los tiempos de demanda máxima la falta de la generación, una demanda excesiva, un asesoramiento de la capacidad equivocado[331] o un error en la transmisión puede causar a un colapso del sistema de red eléctrica. Los gestores de red eléctrica intentan prevenirlo con el desprendimiento de carga (desconexión de carga o rotación de apagones). Pero ese método podría causar problema en el sistema[332] y además ese método no está basado en el mercado.[333] El otro método para prevenir el colapso de la red es mantener algunas centrales eléctricas para los tiempos de demanda máxima.[334] Y ese método es demasiado costoso porque

---

325   Albadi y El-Saadany, «Demand response in electricity markets», 2.

326   Directive (EU) 2019/944 of the European Parliament and of the Council of 5 June 2019 on common rules for the internal market for electricity and amending Directive 2012/27/EU (recast) [2019] OJ L158/125, considerando 37.

327   Ibid, artículo 2(15).

328   Ibid, artículo 11(1).

329   ENTSO-E, 'European Resource Adequacy Assessment 2023 Edition ERAA 2023 Edition Annex 5' (Definitions & Glossary), página 1.

330   Mahdi Motalleb et al., «Providing frequency regulation reserve services using demand response scheduling», *Energy Conversion and Management* 124 (2016): 439.; Anahita Moradmand, Mehrdad Dorostian, y Bahram Shafai, «Energy scheduling for residential distributed energy resources with uncertainties using model-based predictive control», *International Journal of Electrical Power & Energy Systems* 132 (2021): 1.

331   «Rotating brownouts leave thousands of Albertans without power | CBC News», accedido 30 de junio de 2024, https://www.cbc.ca/news/canada/edmonton/rotating-brownouts-leave-thousands-of-albertans-without- power-1.7165290.: "Una previsión de energía eólica sobrestimó en 800 megavatios la cantidad de energía eólica que se generaría el viernes por la mañana,...".

332   Foday Conteh et al., «An effective Load shedding technique for micro-grids using artificial neural network and adaptive neuro-fuzzy inference system.», *Aims Energy* 5, n.º 5 (2017): 814.

333   Kaium Uz Zama Mollah y Nirmal-Kumar C. Nair, «Adaptive market based load shedding scheme», *IEEE Power and Energy Magazine*, 26 de julio de 2015, 1.

334   Will McNamara, «Issue Brief -- Energy Storage To Replace Peaker Plants», s. f., 1.1.

las centrales no se usan la mayoría del tiempo del año pero se requieren esfuerzo y capital para mantener estas centrales. Los dos métodos son para tener un sistema de electricidad seguro.

Aparte del problema de seguridad de energía por el orden de mérito que se usa en la fijación del precio de la electricidad en los tiempos de la demanda máxima sube el precio mucho más que en una hora normal. Entonces en estos tiempos para prevenir los precios demasiado altos respuesta de la demanda podría ser una opción más económica.

El paquete Energía limpia para todos los europeos introdujo algunas disposiciones para garantizar la participación de los programas basados en incentivos en los mercados eléctricos.

Por ejemplo una de ellas está en la directiva de la eficiencia energética. La directiva garantiza la igualdad de respuesta de la demanda con la generación de la electricidad:

> "La Comisión debe garantizar que la eficiencia energética y la respuesta de la demanda puedan competir en condiciones de igualdad con la capacidad de generación."[335]

Relacionado con esto el procedimiento de autorización para nuevas instalaciones de generación requiere a los Estados miembros tomar en consideración la respuesta de la demanda:

> "las alternativas a la creación de nuevas instalaciones de generación, como soluciones de respuesta a la demanda y el almacenamiento de energía."[336]

El reglamento del mercado de la electricidad está regulando el análisis europeo y nacional de cobertura en el parte en lo cual aborda el mecanismo de capacidad.[337] Ese análisis identifica los problemas de cobertura y tiene que tener en cuenta la respuesta de la demanda:

> "tenga debidamente en cuenta la contribución de todos los recursos, incluidas las posibilidades existentes y futuras de generación, el almacenamiento de energía, la integración sectorial, la respuesta de la demanda y la importación y exportación y su contribución a una gestión flexible del sistema;"[338]

En el mercado interno de la electricidad todos los participantes del mercado eléctrico están responsable del equilibrio del sistema. Entonces los clientes activos también tienen responsabilidad de equilibrio.[339] Teniendo la responsabilidad de equilibrio los clientes activos también pueden participar a los mercados de equilibrio basándose en el principio de no discriminación:

> Los mercados de balance, incluidos los procesos de precualificación, deberán organizarse de manera que:
>
> a) se garantice la no discriminación efectiva entre los participantes en el mercado, teniendo en cuenta las diferentes necesidades técnicas del sistema eléctrico y las diferentes capacidades técnicas de las fuentes de generación, el almacenamiento de energía y la respuesta de la demanda;
>
> b) se garantice un acceso no discriminatorio a todos los participantes en el mercado, individualmente o por agregación, incluida la electricidad procedente de fuentes de energía renovables no gestionables, la respuesta de la demanda y el almacenamiento de energía;
>
> c) se respete la necesidad de integrar porcentajes crecientes de generación variable, una mayor capacidad de respuesta de la demanda y la aparición de nuevas tecnologías.[340]

El marco jurídico comunitario del mercado de la electricidad ha tomado medidas para aumentar flexibilidad de demanda de electricidad. Pero aunque los clientes activos ahora no tengan problemas legales para participación

---

335 Directiva (UE) 2018/2002 del Parlamento Europeo y del Consejo, de 11 de diciembre de 2018, por la que se modifica la Directiva 2012/27/UE relativa a la eficiencia energética, considerando 2.

336 Directive (EU) 2019/944 of the European Parliament and of the Council of 5 June 2019 on common rules for the internal market for electricity and amending Directive 2012/27/EU (recast) [2019] OJ L158/125, artículo 8.2(1).

337 Reglamento (UE) 2019/943 del Parlamento Europeo y del Consejo, de 5 de junio de 2019, relativo al mercado interior de la electricidad (versión refundida), artículo 23, 24.

338 Ibid, artículo 23(5)(d).

339 Ibid, artículo 5(1).

340 Ibid, artículo 6(1).

en el mercado, teniendo en cuenta los productos tradicionales del mercado los clientes activos no pueden satisfacer los requisitos del mercado. Por eso la directiva de la electricidad también prevé redefinición de los productos del mercado para facilitar la participación de los clientes activos en los mercados.

"Deben definirse los productos en todos los mercados de electricidad, incluidos los servicios auxiliares y los mercados de capacidad con el fin de fomentar la participación de la respuesta de la demanda."[341]

La importancia de la red es cada vez más importante con el aumento de la energía renovable. Pero aumentar la red es una inversión costosa y difícil. Y una vez se realice el aumento, el coste de mantenimiento de la red sigue aumentando el coste de la electricidad. Con el aumento de la respuesta de la demanda, los Estados miembros pueden evitar estos costes.[342] Por eso según la directiva del mercado de la electricidad los GRT y GRD tienen que tener en cuenta la respuesta de la demanda en sus planes de desarrollo de la red.[343]

"El plan de desarrollo de la red también incluirá la utilización de la respuesta de la demanda, ..."[344]

"Al elaborar el plan decenal de desarrollo de la red, el gestor de la red de transporte tendrá plenamente en cuenta el potencial de utilizar la respuesta de la demanda, ..."[345]

La respuesta de la demanda con programas basados en incentivos podría ser una opción para prevenir estas dificultades del mercado. Pero la participación por programas basados en incentivos tiene algunas dificultades para los consumidores que consumen una cantidad de electricidad pequeña. Entonces para estos consumidores la directiva define un nuevo actor en el mercado de la electricidad. En la siguiente sección se abordará ese nuevo actor: los agregadores.

3.4. El papel de los agregadores

Agregación es un servicio que acumula los consumos de la electricidad de varios clientes para la participación del mercado aprovechando economías de escala. Agregador es un participante del mercado que da el servicio de agregación. Si el agregador no está relacionado con el suministrador del cliente entonces sería un agregador independiente.[346] Entonces un agregador es un intermediario que aprecia y aumenta la flexibilidad de los participantes en el mercado[347] uniendo varias cargas de la electricidad y creando con ellas una unidad de carga individual para usar en el mercado. Para ese servicio los clientes activos podrán participar con las cargas de electricidad de su calefacción y refrigeración eléctricas, trituradoras, ventiladores, fundiciones, bombas de agua, calderas de agua, congeladores, etc.[348]

Los beneficiarios de ese servicio generalmente son los clientes con un consumo pequeño como los hogares.[349] Los particulares carecen de capacidad y financiación para optimizar su propio uso de la electricidad. El servicio de agregación beneficiará a los clientes y al sistema eléctrico en general al cargar las baterías de los clientes cuando los precios son bajos o descargarlas cuando los precios son altos, añadir flexibilidad a las cargas programando

341 Directive (EU) 2019/944 of the European Parliament and of the Council of 5 June 2019 on common rules for the internal market for electricity and amending Directive 2012/27/EU (recast) [2019] OJ L158/125, considerando 39.

342 Galán Sosa, *La regulación del autoconsumo de energía eléctrica [Kindle Version]*, 46.

343 Directive (EU) 2019/944 of the European Parliament and of the Council of 5 June 2019 on common rules for the internal market for electricity and amending Directive 2012/27/EU (recast) [2019] OJ L158/125, artículo 32, 51(3).

344 Ibid, artículo 32(3).

345 Ibid, artículo 51(3).

346 Ibid, artículo 2(18), 2(19).

347 European Commission Workshop, "The Potential of Electricity Demand Response", Brussels, 30 May 2017, página: 11.

348 Paolo Zancanella, Paolo Bertoldi, y Benigna Kiss, «Why Demand Response is not implemented in the EU? Status of Demand Response and recommendations to allow Demand Response to be fully integrated in energy markets» (ECEEE 2017 Summer Study on Energy Efficiency: European Council for an Energy Efficient Economy, 29 de junio de 2017), 459.

349 «Aggregation of Small-Scale Demand - ENTSO-E», accedido 30 de junio de 2024, https://www.entsoe.eu/Technopedia/techsheets/aggregation-of-small-scale-demand.

dispositivos o procesos que consumen mucha energía o apoyar las redes de distribución locales en situaciones de congestión.[350]

Los proveedores de ese servicio podrían ser los minoristas (empresas que venden la electricidad a los clientes finales) y también podrían ser los agregadores independientes. El agregador independiente por la primera vez se incluyó en la legislación europea con la Directiva 2019/944. Los minoristas por su función de unir la demanda pueden acceder a los datos de los clientes y por eso podrían ser un agregador de manera más fácil.[351] Pero al mismo tiempo siendo suministrador de la electricidad los minoristas también podrían afectar a la decisión de los clientes finales y podrían desincentivarles. Pero un agregador independiente teniendo interés en el ahorro de los clientes finales les va a incentivar a más ahorro y a la participación de los mecanismos de respuesta de la demanda explicita.

La directiva del mercado eléctrico en el artículo 17 determina los requisitos generales para la participación de la respuesta de la demanda por agregadores. El artículo obliga a los Estados a la participación de los agregadores en todos los mercados de la electricidad según el principio de no discriminación:

> Los Estados miembros permitirán y fomentarán la participación de la respuesta a la demanda mediante agregación en los mercados de electricidad. Los Estados miembros permitirán a los clientes finales, incluidos aquellos que ofrecen respuesta de la demanda mediante agregación, participar junto a los productores de manera no discriminatoria en todos los mercados de electricidad.[352]

La directiva no solo obliga a los Estados sino también obliga a los GRT y GRD a la implementación del principio de no discriminación cuando los agregadores participan en el mercado:

> 2. Los Estados miembros velarán por que, al obtener servicios auxiliares, los gestores de redes de transporte y los gestores de redes de distribución traten a los participantes en el mercado que presten servicios de agregación de respuesta de la demanda de forma no discriminatoria junto con los productores, basándose en sus capacidades técnicas.[353]

La directiva en el artículo 17(3) determina un marco legal básico que los Estados miembros tienen que tener en cuenta cuando transponen la directiva a su Derecho nacional. Algunos de los requisitos son: los estados tienen que garantizar la participación de los clientes activos en el mercado eléctrico mediante los agregadores sin necesitar un permiso de los gestores de las redes de transporte y distribución,[354] los clientes activos no estarán sujetos a normas discriminatorias,[355] los agregadores tendrán que compensar los desvíos que causen en el sistema por la participación en el mercado eléctrico.[356]

En el párrafo cuatro se introdujo un mecanismo de compensación.[357] Los agregadores van a compensar "las posiciones no correspondidas" causadas por la agregación. Cuando un proveedor compra energía para satisfacer la demanda prevista de sus clientes, se produce una "posición no correspondida", ya que el consumo real difiere de lo que el proveedor compró antes del cierre del mercado. Es una medida razonable ya que hay una transferencia

---

350 «How aggregators will alter fundamentals of electricity business», accedido 30 de junio de 2024, https://energypost.eu/how-aggregators-will-alter-fundamentals-of-electricity-business/.

351 Iolanda Saviuc et al., «Explicit Demand Response for Small End-Users and Independent Aggregators», JRC Publications Repository, 29 de septiembre de 2022, 7.

352 Directive (EU) 2019/944 of the European Parliament and of the Council of 5 June 2019 on common rules for the internal market for electricity and amending Directive 2012/27/EU (recast) [2019] OJ L158/125, artículo 17(1).

353 Ibid, artículo 17(2).

354 Ibid, artículo 17(3)(a).

355 Ibid, artículo 17(3)(b).

356 Ibid, artículo 17(3)(c).

357 Ibid, artículo 17(4).

de la electricidad entre los actores del mercado.[358] En la primera versión de la directiva la compensación de las proveedores y generadores estaba prohibida. Por eso se criticaba por el sector.[359] Luego se impuso ese mecanismo.

La mayoría de los Estados ha definido los agregadores en su Derecho nacional pero aún no han adoptado la legislación secundaria para la adopción de las normas del mercado, los procedimientos, las responsabilidades y los modelos de negocios de respuesta de la demanda. En la mayoría de los Estados, hay muchos parámetros técnicos que requieren más trabajo, como los regímenes de compensación, los requisitos de precalificación, las modalidades técnicas y los métodos de cálculo de la base de referencia.[360] Estas dificultades han causado la falta de acceso de respuesta de la demanda en algunos mercados eléctricos en algunos Estados miembros.[361] En la siguiente sección se abordará estas barreras regulatorias.

3.5. Las barreras regulatorias[362]

A pesar de la nueva legislación a nivel europeo para promocionar la respuesta de demanda ese mecanismo todavía no se ha implementado suficientemente a nivel nacional.[363] Todavía hay varias dificultades para una buena implementación de la respuesta de la demanda en los Estados miembros. Estas dificultades podrían parecer no tan importantes pero conjuntamente pueden crear una barrera muy relevante.[364] Los Estados miembros tienen que levantar estas barreras y tienen que armonizar la conexión a la red de nuevas herramientas que son muy útiles para la respuesta de la demanda y también para el equilibrio del sistema de electricidad como vehículos eléctricos, el almacenamiento y las bombas de calor.[365] En el último informe de ACER sobre la respuesta de la demanda y otros recursos energéticos distribuidos se han definido cinco barreras importantes:

– Inexistencia o falta de incentivos

– Falta de un marco jurídico adecuado

– Requisitos restrictivos para prestar algunos servicios

– Presión competitiva limitada en el mercado minorista

– Intervenciones públicas en los precios minoristas de la electricidad

3.5.1. Inexistencia o falta de incentivos para proporcionar flexibilidad

La más básica barrera es la falta de las herramientas necesarias para la participación de demanda. Para la participación los consumidores principalmente necesitan contadores inteligentes que les informen al tiempo.[366] Todavía en muchos Estados no hay suficiente despliegue de los contadores inteligentes. Aparte de eso también se

---

358 «The Potential of Electricity Demand Response | Think Tank | European Parliament», 14, 15, accedido 30 de junio de 2024, https://www.europarl.europa.eu/thinktank/en/document/IPOL_STU(2017)607322.; «NordREG Publishes Recommendations on a Common Nordic Regulatory Framework for Independent Aggregators | NordREG», accedido 30 de junio de 2024, https://www.nordicenergyregulators.org/2020/02/nordreg-publishes- recommendations-on-a-common-nordic-regulatory-framework-for-independent-aggregators/.

359 «European Commission's proposal for a Directive on common rules for the internal market in electricity EURELECTRIC: proposals for amendments» (EURELECTRIC, junio de 2017), 17.; «The Potential of Electricity Demand Response | Think Tank | European Parliament», 14, 15.

360 Saviuc et al., «Explicit Demand Response for Small End-Users and Independent Aggregators», 8.

361 «Demand response and other distributed energy resources: what barriers are holding them back?», 2023 Market Monitoring Report (ACER, 19 de diciembre de 2023), 24, 25, 27.

362 Ignacio Herrera Anchustegui y Andreas Formosa, «Regulation of electricity markets in Europe in light of the Clean Energy Package: prosumers and demand response», *Available at SSRN 3448434*, 2019, 16.

363 Herrera Anchustegui y Formosa, 16.

364 «Demand response and other distributed energy resources: what barriers are holding them back?», página 6, párrafo 7.

365 «Demand response and other distributed energy resources: what barriers are holding them back?», página 6, párrafo 6.

366 Saviuc et al., «Explicit Demand Response for Small End-Users and Independent Aggregators», 7.

necesita un contrato especial para participar en la respuesta de la demanda. Si los suministradores no proporcionan un contrato que les incentive para la participación aunque uno tenga contador inteligente todavía no participará. Y sobre todo dar la información a la gente es muy importante. Todavía la gente no sabe que es respuesta de la demanda en UE.[367]

3.5.2. Falta de un marco jurídico adecuado que permita a los recursos energéticos distribuidos acceder a los mercados de la electricidad y prestar servicios a los operadores del sistema

Otro obstáculo que también destaca mucho es la falta de las reglas para la participación de respuesta de la demanda.[368] Todavía hay muchos Estados miembros que no tienen un fundamento jurídico para facilitar el potencial de respuesta de la demanda en los mercados de la electricidad. Para un buen funcionamiento de respuesta de la demanda los estados tienen que establecer un marco jurídico en que se definan las funciones y responsabilidades de los actores de respuesta de la demanda.[369]

3.5.3. Requisitos restrictivos para prestar servicios de equilibrio y gestión de la congestión o para participar en mecanismos de capacidad y regímenes de interrumpibilidad

Los requisitos técnicos son una barrera importante para la participación de la respuesta de la demanda en estos servicios.[370] El sistema tradicional de la electricidad está diseñado conforme a algunas reglas que favorecen a las centrales grandes en la satisfacción de estos servicios. Así que por los requisitos de ese sistema tradicional[371] todavía hay una limitación importante a nivel nacional para la respuesta de la demanda y para la participación en los servicios de equilibrio y congestión y también para la participación de los mecanismos de capacidad.[372] En algunos Estados miembros los servicios de equilibrado no están basados en el mercado y los productos de equilibrado están diseñados de manera que no permiten la participación de respuesta de la demanda.[373] Algunas barreras que hay que reconsiderarse y redefinirse son: Volumen mínimo de recursos ofertados, posibilidad de agregación de múltiples pequeños consumidores y límites geográficos de la agregación, número de eventos de llamada (por ejemplo, semanal, anual), tiempo de respuesta, duración de la respuesta.[374]

3.5.4. Presión competitiva limitada en el mercado minorista

Algunos mercados minoristas todavía tienen pocos suministradores por eso están concentrados. Esa situación beneficia a los incumbentes y promociona el sistema tradicional en el mercado. Así que la situación restringe la

---

367   «Demand response and other distributed energy resources: what barriers are holding them back?», página 9, párrafo 16.

368   Nikolaos G. Paterakis, Ozan Erdinç, y João P. S. Catalão, «An overview of Demand Response: Key-elements and international experience», *Renewable and Sustainable Energy Reviews* 69 (2017): 883, https://doi.org/10.1016/j.rser.2016.11.167.

369   «Demand response and other distributed energy resources: what barriers are holding them back?», página 9, párrafo 15.

370   Herrera Anchustegui y Formosa, «Regulation of electricity markets in Europe in light of the Clean Energy Package», 16.

371   Paterakis, Erdinç, y Catalão, «An overview of Demand Response: Key-elements and international experience», 884.

372   «Demand response and other distributed energy resources: what barriers are holding them back?», página 9, párrafo 17.

373   «Demand response and other distributed energy resources: what barriers are holding them back?», página 9, párrafo 18.

374   Zancanella, Bertoldi, y Kiss, «Why Demand Response is not implemented in the EU? Status of Demand Response and recommendations to allow Demand Response to be fully integrated in energy markets», 462.; Paterakis, Erdinç, y Catalão, «An overview of Demand Response: Key-elements and international experience», 884.

aparición de nuevos modelos como respuesta de la demanda.[375] Incluso en un Estado desarrollado como Países Bajos el 80% del mercado minorista se controla por tres empresas.[376]

3.5.5. Intervenciones públicas en los precios minoristas de la electricidad

Para un buen funcionamiento de respuesta de la demanda se necesita señales de precios correctos. Por eso los Estados tienen que evitar las practicas que puedan llevar a la fijación de los precios y causen la eliminación de las señales de precio.[377] Incluso antes de la crisis energética por la guerra de Rusia y Ucrania trece Estados miembros de un modo u otro estaban interviniendo en la fijación de los precios. Eso previene señales de precios correctas para un buen funcionamiento de respuesta de la demanda.[378] Estas medidas de intervenciones en el mercado minorista limita a la participación de respuesta de la demanda al quitar los incentivos.[379]

El aumento de la electrificación va a aumentar la necesidad de ese mecanismo. Por eso los precios altos y bajos (incluso negativos) son buenos para enviar señales a los consumidores, generadores, comerciantes. Con las señales un consumidor puede cambiar su horario de cargar su coche eléctrico, un generador puede saber cuándo tiene que generar la electricidad.[380] Pero las políticas de corto plazo amenazan la estabilidad del sistema a largo plazo. Una política para proteger a los consumidores de los precios altos puede causar eliminación de las señales del precio. La reducción de los precios puede retrasar las inversiones que pueden facilitar a los consumidores a la participación de la demanda para mitigar los precios altos. Así que antes de implementar una nueva política los políticos tienen que calcular la situación bien para evitar a crear nuevos problemas.[381]

Como un nuevo mecanismo para los mercados de la electricidad en UE la respuesta de la demanda todavía tiene muchos problemas a nivel nacional. Los Estados miembros están desarrollando nuevos marcos jurídicos que va a permitir la participación de ese mecanismo pero todavía el desarrollo no ha sido suficiente y todavía en mayoría de los estados la respuesta de la demanda explicita no existe. En los estados donde hay la respuesta de la demanda explicita la participación es solo para los no-hogares.[382]

---

375 «Demand response and other distributed energy resources: what barriers are holding them back?», página 9, párrafo 21.

376 Saviuc et al., «Explicit Demand Response for Small End-Users and Independent Aggregators», 69.

377 «The Potential of Electricity Demand Response | Think Tank | European Parliament», 13.

378 «Demand response and other distributed energy resources: what barriers are holding them back?», página 9, párrafo 22.

379 «Demand response and other distributed energy resources: what barriers are holding them back?», página 10, párrafo 23.

380 «Demand response and other distributed energy resources: what barriers are holding them back?», página 7, párrafo 10.

381 «Demand response and other distributed energy resources: what barriers are holding them back?», página 7, párrafo 8.

382 «CEER Roadmap to 2025 Well-Functioning Retail Energy Markets: 2022 Self-Assessment Status Report», *CEER* (blog), 32.

Conclusión

En este trabajo se ha intentado buscar una respuesta para la pregunta: ¿Cómo ha evolucionado el mercado de la electricidad en la UE y cuál es el papel de los consumidores en el mercado? Para buscar una respuesta se han analizado el proceso de la liberalización del mercado de la electricidad, la creación de la Unión de la Energía, el papel de los consumidores en el paquete Energía limpia para todos los europeos y la respuesta de la demanda.

Los trabajos sobre energía a nivel europeo empezaron con el intento de la liberalización de los mercados de la electricidad. Ahora en la UE hay un mercado de la electricidad liberalizado. Pero ese proceso ha sido largo y lento. Algunos Estados miembros se han resistido a ceder sus poderes y abrir sus mercados. Pero después de los primeros tres paquetes de energía los mercados eléctricos están mucho más liberalizados que en los años 80.

Con el siglo 21 la UE ha empezado tener otro tipo de preocupación. La dependencia energética a terceros Estados, especialmente a Rusia, empezó a ser un problema. De hecho, desde los años 60 la UE es dependiente de Estados terceros en materia de energía y esta dependencia ha creado varios problemas para ella. Esta vez el aumento de la tensión entre Rusia y Ucrania impulsó a los Estados miembros a crear una política común en energía. Según esa política para ser independiente en energía los Estados miembros iban a aumentar la energía renovable y eficiencia energética. Todo eso es un reto difícil para la UE porque se necesitaba un cambio de mentalidad en los mercados de la electricidad.

Con la aprobación de la Unión de la Energía la Comisión introdujo el cambio de mentalidad en el funcionamiento de los mercados. Según la nueva mentalidad los consumidores estarán en el centro de los mercados. Para realizar esa meta la UE ha aprobado el paquete Energía limpia para todos los europeos. El paquete definió el marco jurídico del nuevo sistema. Ahora los Estados miembros tienen que transponer e implementar las nuevas reglas.

La nueva directiva del mercado de la electricidad ha definido un nuevo actor en los mercados: clientes activos. Un cliente activo puede autoconsumir y participar en los mercados vendiendo y almacenando electricidad o manejando su consumo. Estas funciones de los clientes activos van a aumentar la flexibilidad de la demanda ya que en el nuevo sistema con el aumento de la electricidad producida por paneles solares y turbinas eólicas la flexibilidad de la generación va a disminuir y la participación de los clientes activos en el mercado sería una buena medida para ese problema.

En este trabajo, el último capítulo se ha enfocado en un instrumento para participación de los clientes activos en el mercado: la respuesta de la demanda. El aumento de la electrificación aumentará la necesidad del manejo de la demanda. Manejar la demanda también va a aumentar la flexibilidad. Por ello la respuesta de la demanda va a ser un instrumento importante en el mercado de la electricidad. Por lo general las definiciones y los papeles de los nuevos actores están claros en la directiva de la electricidad pero la implementación de los Estados miembros no ha sido suficiente. Por eso todavía hay barreras a nivel nacional para la implementación de ese mecanismo.

Primero los precios reales no se reflejan a los consumidores finales por eso son más bajos de lo normal. Esa situación desincentiva a los consumidores. Segundo, los productos de los mercados no están diseñados de manera adecuada que permita la participación de ese mecanismo en los diferentes mercados de los clientes activos. Tercero, el nuevo actor del mercado los agregadores no están presentes en muchos Estados miembros y eso dificulta la participación de los consumidores con un consumo granular. Cuarto los mercados minoristas de la electricidad todavía no son competitivos adecuadamente. Ante estos retos los Estados miembros tienen que tomar medidas adecuadas porque el aumento del consumo de la electricidad a partir de energía renovable y de la electrificación va a hacer obligatorio el manejo de la demanda en el futuro de los mercados de la electricidad.

Bibliografía

21st Century Tech Blog. «What Is the War in Ukraine Teaching Us About Our Reliance on Power Grids?», 2 de enero de 2023. https://www.21stcentech.com/war-ukraine- teaching-reliance-power-grids/.

«39th European Electricity Regulatory Forum». Accedido 29 de junio de 2024. https://energy.ec.europa.eu/ events/39th-european-electricity-regulatory-forum-2024- 05-27_en.

Aalto, Pami, Teresa Haukkala, Sarah Kilpeläinen, y Matti Kojo. «Introduction: electrification and the energy transition». En *Electrification*, 3-24. Elsevier, 2021. https://www.sciencedirect.com/science/article/pii/ B9780128221433000068.

«Aggregation of Small-Scale Demand - ENTSO-E». Accedido 30 de junio de 2024. https://www.entsoe.eu/ Technopedia/techsheets/aggregation-of-small-scale-demand.

Albadi, Mohamed H., y Ehab F. El-Saadany. «Demand response in electricity markets: An overview». En *2007 IEEE power engineering society general meeting*, 1-5. IEEE, 2007. https://ieeexplore.ieee.org/abstract/document/4275494/.

Allcott, Hunt. «Rethinking real-time electricity pricing». *Resource and energy economics* 33, n.º 4 (2011): 820-42.

Allerhand, Adam. «Early AC power: The first long-distance lines [history]». *IEEE Power and Energy Magazine* 17, n.º 5 (2019): 82-90.

Axel, GAUTIER, JACQMIN Julien, y POUDOU Jean-Christophe. «The prosumers and the grid». Université catholique de Louvain, Center for Operations Research and ..., 2017. https://ideas.repec.org/p/cor/louvco/2017018.html.

Brief, Rapid Response Energy. «Quantifying the" merit-order" effect in European electricity markets», 2015. https:// www.researchgate.net/profile/Cherrelle-Eid-2/publication/277953492_Quantifying_the_merit-order_effect_in_ European_electricity_markets/links/557703ad08ae753637538941/Quantifying-the-merit-order-effect-in-Euro- pean-electricity-markets.pdf.

Butenko, Anna. «Sharing energy: dealing with regulatory disconnection in Dutch energy law». *European Journal of Risk Regulation* 7, n.º 4 (2016): 701-16.

«Call for Evidence on Active Consumers & Jointly Acting Active Consumers under the Clean Energy Package». Ireland: Commission for Regulation of Utilities, 26 de agosto de 2020.

CEER. «CEER Roadmap to 2025 Well-Functioning Retail Energy Markets: 2022 Self- Assessment Status Report». Accedido 30 de junio de 2024. https://www.ceer.eu/publication/ceer-roadmap-to-2025-well-functioning-retail- energy-markets-2022-self-assessment-status-report/.

Conteh, Foday, Shota Tobaru, Mohamed E. Lotfy, Atsushi Yona, y Tomonobu Senjyu. «An effective Load shedding technique for micro-grids using artificial neural network and adaptive neuro-fuzzy inference system.» *Aims Energy* 5, n.º 5 (2017). https://www.academia.edu/download/72475758/e031adc798e2e09d8a6e3b689edc257 7a372.pdf.

«Council of European CEER Paper on Electricity Distribution Tariffs Supporting the Energy Transition». Brussels, Belgium: CEER, C19-DS-55-04.

CSERES, Katalin J. «The active energy consumer in EU law». *European Journal of Risk Regulation* 9, n.º 2 (2018): 227-44.

De Heer, Hans, Marten van der Laan, y Aurora Sáez Armenteros. «USEF: The framework explained». *Universal Smart Energy Framework: Arnhem, The Netherlands*, 2021.

«Demand response and other distributed energy resources: what barriers are holding them back?» 2023 Market Monitoring Report. ACER, 19 de diciembre de 2023.

«EASE reply to the European Commission Public Consultation on the revision of the Energy Taxation Directive (ETD)». Brussels: European Association for Storage of Energy, octubre de 2020.

Eikeland, Per Ove. «EU Internal Energy Market Policy: Achievements and Hurdles». En *Toward a Common European Union Energy Policy*, editado por Vicki L. Birchfield y John S. Duffield, 13-40. New York: Palgrave Macmillan US, 2011. https://doi.org/10.1057/9780230119819_2.

«El precio de la luz de hoy (o mañana) sábado 20 de abril vuelve a ser gratis 8 horas | Las Provincias». Accedido 30 de junio de 2024. https://www.lasprovincias.es/economia/precio-luz-sabado-horas-20240419155356-nt.html.

«El Sector Eléctrico a Través de UNESA (1944-2004)». Madrid: Asociación Española de la Industria Eléctrica, 2005.

Elazarova, Vicktoria. «Where is the EU steering the Electricity Market? A Comparison between the Third and Fourth Electricity Directives». Amsterdam Law School (FdR), 2019.

«Electricidad: luz gratis este sábado, pero con el IVA al 21%»: Accedido 30 de junio de 2024. https://www.elindependiente.com/economia/2024/03/02/luz-gratis-este-sabado-pero-   con-el-iva-al-21-la-paradoja-de-los-proximos-meses-en-la-factura/.

«EU states reject breaking up energy firms – Euractiv». Accedido 30 de junio de 2024. https://www.euractiv.com/section/energy/news/eu-states-reject-breaking-up-energy- firms/.

«European Commission's proposal for a Directive on common rules for the internal market in electricity EURELECTRIC: proposals for amendments». EURELECTRIC, junio de 2017.

«First Benchmarking Report on the Implementation of the Internal Electricity and Gas Market - European Commission». Accedido 29 de junio de 2024. https://energy.ec.europa.eu/publications/first-benchmarking-report-implementation- internal-electricity-and-gas-market_en.

Fleming, Ruven, y Gijs Kreeft. «Power-to-Gas and hydrogen for energy storage under EU energy law». En *European Energy Law Report*, 101-24. Intersentia, 2020. https://research.rug.nl/en/publications/power-to-gas-and-hydrogen-for-energy-storage- under-eu-energy-law.

Foulds, Chris, Rosalyn AV Robison, y Rachel Macrorie. «Energy monitoring as a practice: Investigating use of the iMeasure online energy feedback tool». *Energy Policy* 104 (2017): 194-202.

Friesen, Ken Martens. «" When the sun don't shine and the wind don't blow": solving the intermittency problem and moving to a zero carbon future», 2021. https://fpuscholarworks.fresno.edu/bitstream/11418/1361/1/PacJournal2021-11.pdf.

Galán Sosa, Jorge. *La regulación del autoconsumo de energía eléctrica [Kindle Version]*. 1st edition. Atelier Libros S.A., 2023.

Ganova, Aglika, y Nizar BEN Ayed. «European Union Energy Supply Policy: Diversified in Unity?», mayo de 2007.

Gaviano, Antonello, Karl Weber, y Christian Dirmeier. «Challenges and integration of PV and wind energy facilities from a smart grid point of view». *Energy Procedia* 25 (2012): 118-25.

Gissey, Giorgio Castagneto, Paul E. Dodds, y Jonathan Radcliffe. «Market and regulatory barriers to electrical energy storage innovation». *Renewable and Sustainable Energy Reviews* 82 (2018): 781-90.

Guillet, Jérôme. «Gazprom as a Predictable Partner. Another Reading of the Russian- Ukrainian and Russian-Belarusian Energy Crises». *Russie. Nei. Visions* 18, n.º 1 (2007): 4-24.

Hammons, Thomas James. «Integrating renewable energy sources into European grids».

International Journal of Electrical Power & Energy Systems 30, n.º 8 (2008): 462-75.

Hancher, L., y P. J. Slot. «EC Energy Law». En *Energy Law in Europe*, 213-320. Oxford University Press, 2001. https://research.tilburguniversity.edu/en/publications/ec- energy-law.

Hancher, Leigh. «Delimitation of Energy Law Jurisdiction: The EU and Its Member States: From Organisational to Regulatory Conflicts». *Journal of Energy & Natural Resources Law* 16, n.º 1 (febrero de 1998): 42-67. https://doi.org/10.1080/02646811.1998.11433126.

Hansen, Kristina Horpestad. «Prosumers: In what ways does the Norwegian regulation of prosumers correspond to the current and future EU/EEA regulation and how can the Norwegian rules eventually be improved in order to promote prosumers?» Master's Thesis, The University of Bergen, 2020. https://bora.uib.no/bora- xmlui/bitstream/handle/1956/24036/6_JUS399_V20.pdf?sequence=1.

Heal, Geoffrey. «Reflections—The Economics of Renewable Energy in the United States».*Review of Environmental Economics and Policy* 4, n.º 1 (1 de enero de 2010): 139-54. https://doi.org/10.1093/reep/rep018.

———. «The economics of renewable energy», 2009. https://www.nber.org/papers/w15081.

Heddenhausen, Matthias. «Privatisations in Europe's liberalised electricity markets–the cases of the United Kingdom, Sweden, Germany, and France». *Stiftung Wissenschaft und Politik, Research Unit EU Integration http://swpberlin. org/fileadmin/contents/products/projekt_papiere/Electricity_p aper_KS_IIformatiert. pdf (Letöltés dátuma 2016. 03. 29.)*, 2007. https://roar-assets- auto.rbl.ms/documents/34951/Electricity_paper_KS_IIformatiert.pdf.

Herrera Anchustegui, Ignacio, y Andreas Formosa. «Regulation of electricity markets in Europe in light of the Clean Energy Package: prosumers and demand response». *Available at SSRN 3448434*, 2019. https://papers.ssrn.com/sol3/papers.cfm?abstract_id=3448434.

Honkapuro, Samuli, Jasmin Jaanto, y Salla Annala. «A Systematic Review of European Electricity Market Design Options». *Energies* 16, n.º 9 (2023): 3704.

«How aggregators will alter fundamentals of electricity business». Accedido 30 de junio de 2024. https://energypost. eu/how-aggregators-will-alter-fundamentals-of-electricity- business/.

Hughes, James. «EU Relations with Russia: Partnership or Asymmetric Interdependency?» En *European Foreign Policy in an Evolving International System*, editado por Nicola Casarini y Costanza Musu, 76-94. London: Palgrave Macmillan UK, 2007. https://doi.org/10.1057/9780230593145_6.

Jacobs, Sharon B. «Bypassing federalism and the administrative law of negawatts». *Iowa L. Rev.* 100 (2015): 885.

———. «The energy prosumer». *Ecology LQ* 43 (2016): 519.

Johnston, Angus, y Guy Block. «EU energy law». *Oxford University Press*, 2012. Joskow, Paul L. «Lessons Learned From Electricity Market Liberalization». *The Energy Journal* 29, n.º 2_suppl (diciembre de 2008): 9-42. https://doi.org/10.5547/ISSN0195- 6574-EJ-Vol29-NoSI2-3.

Kempton, Willett, y Jasna Tomić. «Vehicle-to-grid power fundamentals: Calculating capacity and net revenue». *Journal of power sources* 144, n.º 1 (2005): 268-79.

Kotilainen, Kirsi, Pertti Järventausta, y Pami Aalto. «Prosumer centric co-creation in Smart Grid innovation ecosystem». En *2016 IEEE Innovative Smart Grid Technologies-Asia (ISGT-Asia)*, 884-89. IEEE, 2016. https://ieeexplore.ieee.org/abstract/document/7796502/.

Lesieur, Claire. «The European Union's liberalisation of electricity markets since 1996: implementation and consequences in France.» Master's Thesis, University of Twente, 2023. http://essay.utwente.nl/95712/.

«Lessons from Liberalised Electricity Markets – Analysis - IEA». Accedido 29 de junio de 2024. https://www.iea.org/reports/lessons-from-liberalised-electricity-markets.

«Lisbon European Council 23-24.03.2000: Conclusions of the Presidency». Accedido 29 de junio de 2024. https://www.europarl.europa.eu/summits/lis1_en.htm.

Ma, Kai, Ting Yao, Jie Yang, y Xinping Guan. «Residential power scheduling for demand response in smart grid». *International Journal of Electrical Power & Energy Systems* 78 (2016): 320-25.

Machado, B., M. F. Castro, y L. Bragança. «European Union legislation for demand-side management and public policies for demand response». En *IOP Conference Series:*

Earth and Environmental Science, 225:012064. IOP Publishing, 2019. https://iopscience.iop.org/article/10.1088/1755-1315/225/1/012064/meta.

Mathur, Michael, y Energy Law. «Energy Storage in the new Electricity Market Design– leveling the playing field and improving the Security of Electricity Supply», 2020. https://helda.helsinki.fi/bitstreams/d5953e00-9e0f-4635-bcbb- c8a21bf1d265/download.

McNamara, Will. «Issue Brief -- Energy Storage To Replace Peaker Plants», s. f.

Meeus, Leonardo, y Valerie Reif. «How to organize system operation and connection requirements?» En *The Evolution of Electricity Markets in Europe*, 111-34. Edward Elgar Publishing, 2020. https://www.elgaronline.com/monochap- oa/9781789905465.00019.xml.

———. «Why did we start with electricity markets in Europe?» En *The Evolution of Electricity Markets in Europe*, 2-24. Edward Elgar Publishing, 2020. https://www.elgaronline.com/monochap-oa/9781789905465.00013.xml.

Meeus, Leonardo, y Tim Schittekatte. «How to calculate border trade constraints?» En *The Evolution of Electricity Markets in Europe*, 48-67. Edward Elgar Publishing, 2020. https://www.elgaronline.com/monochap-oa/9781789905465.00015.xml.

Mollah, Kaium Uz Zama, y Nirmal-Kumar C. Nair. «Adaptive market based load shedding scheme». *IEEE Power and Energy Magazine*, 26 de julio de 2015, 1-5.

Moradmand, Anahita, Mehrdad Dorostian, y Bahram Shafai. «Energy scheduling for residential distributed energy resources with uncertainties using model-based predictive control». *International Journal of Electrical Power & Energy Systems* 132 (2021): 107074.

Motalleb, Mahdi, Matsu Thornton, Ehsan Reihani, y Reza Ghorbani. «Providing frequency regulation reserve services using demand response scheduling». *Energy Conversion and Management* 124 (2016): 439-52.

«NordREG Publishes Recommendations on a Common Nordic Regulatory Framework for Independent Aggregators | NordREG». Accedido 30 de junio de 2024. https://www.nordicenergyregulators.org/2020/02/nordreg-publishes-recommendations-on-a-common-nordic-regulatory-framework-for-independent- aggregators/.

Parag, Yael. «Beyond energy efficiency: A 'prosumer market'as an integrated platform for consumer engagement with the energy system». *Eur. Counc. Energy Effic. Econ.Summer Study* 1 (2015): 15-23.

Parra, David, y Romain Mauger. «A new dawn for energy storage: An interdisciplinary legal and techno-economic analysis of the new EU legal framework». *Energy Policy* 171 (2022): 113262.

Paterakis, Nikolaos G., Ozan Erdinç, y João P. S. Catalão. «An overview of Demand Response: Key-elements and international experience». *Renewable and Sustainable Energy Reviews* 69 (2017): 871-91. https://doi.org/10.1016/j.rser.2016.11.167.

Pellerin-Carlin, Thomas. «Putting the consumer at the centre of the European energy system». *Notre Europe, Jacques Delors Institute, June* 8 (2016). https://institutdelors.eu/wp-content/uploads/2020/08/energyconsumer-pellerincarlin-jdi-june16-1.pdf.

———. «The European energy union». En *Research Handbook on EU Energy Law and Policy*, 67-102. Edward Elgar Publishing, 2017. https://www.elgaronline.com/edcollchap/edcoll/9781786431042/9781786431042.000 13.xml.

Penttinen, Sirja-Leena, Kari Kallioharju, Jaakko Sorri, Juhani Heljo, y Pirkko Harsia.

«Electrification and energy efficiency in buildings: Policy implications and interactions». En *Electrification*, 175-96. Elsevier, 2021. https://www.sciencedirect.com/science/article/pii/B9780128221433000044.

Penttinen, Sirja-Leena, y Leonie Reins. «The integration of renewable energy sources in the EU electricity grid: Adapting current market rules to'new market realities'». En *Decarbonisation and the energy industry: Law, policy and regulation in low-carbon energy markets*, 263-82. Hart Publishing, 2020. https://research.tilburguniversity.edu/en/publications/the-integration-of-renewable- energy-sources-in-the-eu-electricity.

Piebalgs, Andris. «How the European Union is preparing the" Third Industrial Revolution" with an innovative energy policy», 2009. https://cadmus.eui.eu/handle/1814/10747.

POLITICO. «Tony Blair's Energy U-Turn», 2 de noviembre de 2005. https://www.politico.eu/article/tony-blairs-energy-u-turn/.

«President Juncker's Political Guidelines - European Commission». Accedido 30 de junio de 2024. https://commission.europa.eu/publications/president-junckers-political- guidelines_en.

Pursley, Garrick B., y Hannah J. Wiseman. «Local energy». *Emory LJ* 60 (2010): 877.

«Q&A - What Are Citizen and Renewable Energy Communities? - REScoop». Accedido 30 de junio de 2024. https://www.rescoop.eu/toolbox/q-a-what-are-citizen-and- renewable-energy-communities.

Repo, Sami, Hannele Holttinen, Tomas Björkqvist, Kimmo Lummi, Jussi Valta, Lasse Peltonen, y Pertti Järventausta. «Toward smarter and more flexible grids». En *Electrification*, 125-47. Elsevier, 2021. https://www.sciencedirect.com/science/article/pii/B9780128221433000123.

Roberts, Josh. «Prosumer rights: options for a legal framework post-2020». *Greenpeace European Unit (TR 9832909575-41)*, 2016.

Roggenkamp, Martha, y Lea Diestelmeier. «EU climate law and energy network regulation». En *Essential EU climate law*. Edward Elgar Publishing, 2021. https://books.google.com/books?hl=en&lr=&id=xdBCEAAAQBAJ&oi=fnd&pg=PR1&dq=Essential+EU+Climate+Law+2021&ots=Q0w6a- HPDi&sig=2haQBrrUCS7lXd96PK_CjarO45g.

Roggenkamp, Martha, y Matthijs van Leeuwen. «Regulating Electricity Storage in the European Union: How to Balance Technical and Legal Innovation». En *Innovation in Energy Law and Technology: Dynamic Solutions for Energy Transitions*, 154-71.

Oxford University Press, 2018. https://research.rug.nl/en/publications/regulating- electricity-storage-in-the-european-union-how-to-balan.

«Rotating brownouts leave thousands of Albertans without power | CBC News». Accedido 30 de junio de 2024. https://www.cbc.ca/news/canada/edmonton/rotating-brownouts- leave-thousands-of-albertans-without-power-1.7165290.

Šajn, Nikolina. «Electricity "Prosumers"». Briefing. European Parliamentary Research Service, noviembre de 2016.

Saviuc, Iolanda, Chema Lopez, Andras Puskas, Katarzyna Rollert, y Paolo Bertoldi. «Explicit Demand Response for Small End-Users and Independent Aggregators». JRC Publications Repository, 29 de septiembre de 2022. https://doi.org/10.2760/625919.

Schmidt, Oliver, Adam Hawkes, Ajay Gambhir, y Iain Staffell. «The future cost of electrical energy storage based on experience rates». *Nature Energy* 2, n.º 8 (2017): 1-8.

Schmidt, Susanne K. *Liberalisierung in Europa: Die Rolle der Europäischen Kommission*. Frankfurt a. M.: Campus Verlag, 1998. https://www.econstor.eu/bitstream/10419/69252/1/735635846.pdf.

Schneidewindt, Holger. «Clean Energy Package: Magna Charta of Prosumer Rights». *Energy Democracy* (blog). Accedido 30 de junio de 2024. https://energy- democracy.org/clean-energy-package-magna-charta-of-prosumer-rights/.

Schulke, Ch. «The EU's major electricity and gas utilities since market liberalization». *Institut Français des Relations Internationales (IFRI)*, 2010. https://inis.iaea.org/search/search.aspx?orig_q=RN:42052642.

Slot, Piet Jan. «Cases C-157/94, Commission v. Netherlands; C-158/94, Commission v. Italy; C-159/94, Commission v. France; C-160/94, Commission v. Spain; C-189/95, Harry Franzén; judgments of 23 October 1997, Ful». *Common Market Law Review* 35, n.º 5 (1998). https://kluwerlawonline.com/journalarticle/Common+Market+Law+Review/35.5/1901 76.

«smartEn Monitoring Report: The Implementation of the Electricity Market Design to Drive Demand-Side Flexibility - smartEn». Accedido 30 de junio de 2024. https://smarten.eu/smarten-monitoring-report-the-implementation- of-the-electricity- market-design-to-drive-demand-side-flexibility/.

Soares, Ian Varela, Romain Mauger, y Thauan Santos. «Considerations for benefit stacking policies in the EU electricity storage market». *Energy Policy* 172 (2023): 113333.

Soest, Henri Marie L. van. «The Prosumer in European Energy Law». *MarIus* 402 (2018). https://www.duo.uio.no/handle/10852/67640.

Sunila, Kanerva. *Regulating the change in the EU electricity markets-Finding the balance between tomorrow and yesterday.* Aalto University, 2023. https://aaltodoc.aalto.fi/items/844655fe-867f-4024-872f-d79c9741a412.

Talus, Kim. *EU energy law and policy: a critical account.* OUP Oxford, 2013. https://books.google.com/books?hl=en&lr=&id=XRh8AAAAQBAJ&oi=fnd&pg=PP1 &dq=Talus,+EU+energy+law+and+policy:+a+critical+account,+2013&ots=KcCHnJy Ghj&sig=SCjY40VYSP4ufCeztTCZIeBYBVE.

«The Potential of Electricity Demand Response | Think Tank | European Parliament».Accedido 30 de junio de 2024. https://www.europarl.europa.eu/thinktank/en/document/IPOL_STU(2017)607322.

«The Power To Choose - Demand Response in Liberalised Electricity Markets». Paris: International Energy Agency / Organization for Economic Cooperation and Development, 2003.

Tuttle, David P., Gurcan Gulen, Robert Hebner, Carey W. King, David B. Spence, Juan Andrande, Jason A. Wible, Ross Baldick, y Roger Duncan. «The history and evolution of the US electricity industry». *White Paper UTEI/2016-05-2*, 2016.

U.S. Department of Energy. «Benefits of demand response in electricity markets and recommendations for achieving them». *US Dept. Energy, Washington, DC, USA, Tech. Rep* 2006 (2006): 95.

Vedder, Hans, Martha Roggenkamp, Anita Ronne, y Iñigo del Guayo. «EU energy law». En *Energy law in Europe*, 187-366. Oxford University Press, 2016. https://research.rug.nl/en/publications/eu-energy-law.

Verzijlbergh, R. A., L. J. De Vries, G. P. J. Dijkema, y P. M. Herder. «Institutional challenges caused by the integration of renewable energy sources in the European electricity sector». *Renewable and Sustainable Energy Reviews* 75 (2017): 660-67.

Victoria, Marta, Kun Zhu, Tom Brown, Gorm B. Andresen, y Martin Greiner. «The role of storage technologies throughout the decarbonisation of the sector-coupled European energy system». *Energy Conversion and Management* 201 (2019): 111977.

Vinois, Jean-Arnold. «The Road to Energy Union». En *Energy Union*, editado por Svein S. Andersen, Andreas Goldthau, y Nick Sitter, 27-50. London: Palgrave Macmillan UK, 2017. https://doi.org/10.1057/978-1-137-59104-3_3.

Vujić, Jasmina. «Nikola Tesla: Electrifying Legacy». *Scientific-Technical Review, LVI* 2 (2006): 3-9.

Wasik, John F. *The merchant of power: Sam Insull, Thomas Edison, and the creation of the modern metropolis.* Palgrave Macmillan, 2006. https://books.google.com/books?hl=en&lr=&id=lqZvCQAAQBAJ&oi=fnd&pg=PR1 &dq=he+-Merchant+of+Power:+Sam+Insull,+Thomas+Edison,&ots=odJVaGZzB_&si g=lJ5d36X2v1TxhYZHPH6GAt_A-s8.

Westphal, Kirsten. «Energy policy between multilateral governance and geopolitics: whither Europe?» *Internationale politik und gesellschaft* 4, n.º 4 (2006): 44-63.

Williams, Baxter, Daniel Bishop, Patricio Gallardo, y J. Geoffrey Chase. «Demand side management in industrial, commercial, and residential sectors: a review of constraints and considerations». *Energies* 16, n.º 13 (2023): 5155.

www.euractiv.com. «Blair Calls for Stronger EU Energy Policy Co-Operation», 31 de octubre de 2005. https://www.euractiv.com/section/science-policymaking/news/blair-calls-for- stronger-eu-energy-policy-co-operation/.

Wyciszkiewicz, Ernest. «Polish Perspective on the EU's Energy Policy and the Security of External Supply». *International Issues & Slovak Foreign Policy Affairs* 18, n.º 01 (2009): 15-28.

Zancanella, Paolo, Paolo Bertoldi, y Benigna Kiss. «Why Demand Response is not implemented in the EU? Status of Demand Response and recommendations to allow Demand Response to be fully integrated in energy markets». ECEEE 2017 Summer Study on Energy Efficiency: European Council for an Energy Efficient Economy, 29 de junio de 2017.

Zhou, Datong, Maximilian Balandat, y Claire Tomlin. «A bayesian perspective on residential demand response using smart meter data». En *2016 54th Annual Allerton Conference on Communication, Control, and Computing (Allerton)*, 1212-19. IEEE, 2016. https://ieeexplore.ieee.org/abstract/document/7852373/.

Números Publicados

Serie Unión Europea y Relaciones Internacionales

Serie Política de la Competencia y Regulación